Johann Wolfgang Goethe
10 Gedichte

Von Elisabeth Böhm

Philipp Reclam jun. Stuttgart

RECLAMS UNIVERSAL-BIBLIOTHEK Nr. 16058
Alle Rechte vorbehalten
© 2007 Philipp Reclam jun. GmbH & Co., Stuttgart
Gesamtherstellung: Reclam, Ditzingen. Printed in Germany 2007
RECLAM, UNIVERSAL-BIBLIOTHEK und
RECLAMS UNIVERSAL-BIBLIOTHEK sind eingetragene Marken
der Philipp Reclam jun. GmbH & Co., Stuttgart
ISBN 978-3-15-016058-9

www.reclam.de

Inhalt

Einführung

Johann Wolfgang Goethe (1749–1832) dominierte die deutschsprachige Literatur seiner Epoche im Rückblick so stark, dass man die Zeit des ausgehenden 18. und beginnenden 19. Jahrhunderts heute noch oft mit der Bezeichnung »Goethezeit« belegt. Das Schaffen Goethes vor seiner Weimarer Zeit ist dem literarischen Sturm und Drang zuzurechnen, die klassische Periode der deutschen Literatur wird mit Goethes erstem Italienaufenthalt und Schillers Tod begrenzt. Im Alter setzte Goethe sich vor allem mit östlichen und romantischen Einflüssen auseinander. Verbindet man mit Goethes Namen zunächst die großen epischen und dramatischen Texte, also Dramen wie die beiden Teile des *Faust*, *Götz von Berlichingen*, *Iphigenie auf Tauris* sowie Romane wie *Die Leiden des jungen Werthers* und die *Wilhelm Meister*-Bücher, so steht seine Lyrik ebenso für eine bis heute allerdings kaum ausgelotete Vielstimmigkeit. Es manifestiert sich nicht nur *ein* Stil in seinen Texten, sondern unterschiedlichste Töne, Sujets und Genres; liedhafte Gedichte stehen neben frechen Epigrammen, große Hymnen neben handlungsorientierten Balladen und antikisierenden Elegien.

Goethe hat über 3000 Gedichte verfasst, kurze Texte wie *Wanderers Nachtlied* und umfangreiche wie die *Marienbader Elegie*, zweckgebundene Gelegenheitsgedichte und spontane Äußerungen, wie das zweite der *Nachtlieder*. Er hat freie Verse wie im *Prometheus* geschrieben und die Leistungsfähigkeit antiker Gedichtformen wie in den *Römischen Elegien* ausgereizt. Andere formale Vorbilder waren das Volkslied, das in *Gefunden* intim gestaltet wird, sowie feierliche Stanzen, wie sie in *Urworte. Orphisch* mit philosophischem Inhalt gefüllt werden. Allein dieses beeindruckend breite Spektrum macht die Auseinandersetzung mit Goethes Lyrik zu einem immer lohnenden Gegenstand.

Doch mindestens genauso wichtig ist, dass wir mit seinem Werk vor dezidiert moderner Lyrik stehen. Goethes Gedichte prägen nämlich genau das, was wir heute üblicherweise unter lyrisch verstehen. Die Konzeption eines fühlenden, oft liebenden oder trauernden Individuums tritt dem Leser aus den Texten entgegen, wie zum Beispiel im später als *Willkommen und Abschied* titulierten »Mir schlug das Herz …«. Die Auseinandersetzung mit den bestimmenden Konstanten menschlichen Lebens wird hier vorformuliert. Gefühl, Wahrnehmung und lyrisches Sprechen werden dergestalt miteinander verbunden, dass gerade aus der vermeintlichen Subjektivität des Erlebens die Mitteilung des Erlebten als Kommunikation erst möglich wird.

In der Folge blieb spöttische Parodie nicht aus, so wurden Goethes Gedichte gern humoristisch oder satirisch imitiert, aber auch als vorbildlich und paradigmatisch für den literarischen Diskurs gesehen. Von Heinrich Heine über August von Platen, von Ernst Jandl bis Durs Grünbein setzten sich nachfolgende Lyriker mit den Texten des »Dichterfürsten« auseinander. Komponisten und bildende Künstler taten es auf ihre Weise. Auch sie trugen dazu bei, dass Goethes Werk bis heute unser Verständnis von Lyrik prägt.

Goethe selbst hat diese Entwicklung angestoßen, indem er sich ständig um Sammlung und Revision seiner Texte bemüht hat. Seit den 1780er-Jahren stellte er immer wieder Werkausgaben zusammen, für die er seine Dichtungen jeweils überarbeitete. Gedichte gab er 1789 im 8. Band der *Schriften* heraus, 1800 in den *Neuen Schriften,* in den Werkausgaben von 1806 und 1815 und in der Ausgabe von 1827, der sogenannten »Ausgabe letzter Hand«, die den letzten vom Autor selbst gebilligten Stand der Texte repräsentiert.

Im vorliegenden Band werden zehn exemplarische Gedichte Goethes zusammengestellt und erläutert. Die Texte werden unmodernisiert in der Version des Erstdrucks präsentiert. Nach einem Zeilenkommentar und Hinweisen zu Metrum und Rhythmik werden zentrale Deutungsansätze und Interpretationen vorgestellt. Der Vielseitigkeit der Gedichte korrespondiert dabei das Spektrum der Deutungsansätze: Diverse literaturwissenschaftliche Theorien und Modelle finden Verwendung und zeigen damit die andauernde Aktualität der Gedichte. Die aufgeführten Interpretationen, die sich zum Teil widersprechen, beleuchten ganz unterschiedliche Facetten der Texte. Auf diese Weise findet sich in der Sekundärliteratur das wieder, was schon in den Gedichten angelegt ist. Denn Goethes Lyrik hat erstaunlich viele Facetten und wird nicht nur von den Fragen des Gefühls beherrscht, sondern reflektiert auch Positionen der Naturwissenschaft, der Politik und sozialer Entwicklung. Sein Verdienst ist es, auch diese Diskurse in die Texte einzubeziehen und doch dezidiert Poesie zu schaffen, die sich selbst bedeutet.

Publiziert wurden die Gedichte in unterschiedlichsten Kontexten, sei es anonym in Zeitschriften wie der *Prometheus*, als Einlage in Singspielen wie die Ballade vom *Erlkönig*, in Romanen wie Mignons Lied oder in zyklisch gestalteten Gedichtbänden wie *Gingo biloba*. Auch darin zeigt sich die Modernität Goethes. Sollte man tatsächlich immer noch nach einer Legitimation für die Beschäftigung mit seiner Lyrik fragen, dann ließe sich darauf verweisen, dass diese Texte auch weiterhin emotional und intellektuell anregen.

Sicher mag ein Leser, der sich schon mit Goethes Lyrik befasst hat, das eine oder andere, sogar viele bekannte und geliebte Gedichte in der vorliegenden Auswahl vermissen, doch da hier aus dem gewaltigen Gesamtwerk nur zwei Handvoll der großen Texte ausgewählt werden konnten, war es das Ziel, nicht nur die verschiedenen Schaffensperioden Goethes, sondern auch spezielle Motivik oder Formen sowie eine besonders interessante Publikationsgeschichte bei der Auswahl mit zu berücksichtigen.

[Willkommen und Abschied]

Mir schlug das Herz; geschwind zu Pferde,
Und fort, wild, wie ein Held zur Schlacht!
Der Abend wiegte schon die Erde,
Und an den Bergen hieng die Nacht;
Schon stund im Nebelkleid die Eiche,
Ein aufgethürmter Riese, da,
Wo Finsterniß aus dem Gesträuche
Mit hundert schwarzen Augen sah.

Der Mond von seinem Wolkenhügel,
Schien kläglich aus dem Duft hervor;
Die Winde schwangen leise Flügel,
Umsausten schauerlich mein Ohr;
Die Nacht schuf tausend Ungeheuer –
Doch tausendfacher war mein Muth;
Mein Geist war ein verzehrend Feuer,
Mein ganzes Herz zerfloß in Gluth.

Ich sah dich, und die milde Freude
Floß aus dem süßen Blick auf mich.
Ganz war mein Herz an deiner Seite,
Und ieder Athemzug für dich.
Ein rosenfarbes Frühlings Wetter
Lag auf dem lieblichen Gesicht,
Und Zärtlichkeit für mich, ihr Götter!
Ich hoft' es, ich verdient' es nicht.

Der Abschied, wie bedrängt, wie trübe!   25
Aus deinen Blicken sprach dein Herz.
In deinen Küßen, welche Liebe,
O welche Wonne, welcher Schmerz!
Du giengst, ich stund, und sah zur Erden,
Und sah dir nach mit naßem Blick;   30
Und doch, welch Glück! geliebt zu werden,
Und lieben, Götter, welch ein Glück!

Iris. Vierteljahrsschrift für Frauenzimmer 2,3 (1775), S. 224 f. – Witte (2001), S. 35 f.

Entstehung und Publikationsgeschichte

Während der Zeit, als er in Straßburg vom April 1770 bis zum August 1771 Jurisprudenz studierte, erkundete Goethe mit Freunden wie Friedrich Leopold Weyland (1750– 1785) die Umgebung der Stadt. Sein Freund führte ihn in die Sesenheimer Pfarrersfamilie Brion ein. Zu deren Tochter Friederike (1752–1813) entspann sich bald ein Liebesverhältnis, das aber mit der Beendigung von Goethes Straßburger Zeit endgültig vorbei war. Wie genau sich diese Beziehung entwickelte, ist nicht mehr zu rekonstruieren, aber ein Aufenthalt Goethes von Ende Mai bis Ende Juni 1771 bei der Familie ist durch Briefe recht gut dokumentiert. Allerdings schildern diese nicht die Person der Geliebten oder ihren Charakter, sondern reflektieren eher die Verfassung des Liebenden, der sich darin seinen Freunden mitteilt. Goethes Briefe an Friederike wurden von ihren Angehörigen vernichtet, und Abschriften existieren nicht. Einzig ein Heft mit Gedichten in verschiedenen Handschriften fand ein Philologiestudent 1835 noch

Johann Wolfgang Goethe: Der Pfarrhof in Sesenheim, 1770/71

in Sesenheim, doch hat sich gezeigt, dass nicht alle darin enthaltenen Texte von Goethe stammen. Dort findet sich jedoch die vermutlich älteste Version von *Willkommen und Abschied*, noch ohne Titel und nur zehn Verse lang. Aus den erhaltenen Zeugnissen ist nicht mehr zu belegen, was sich wirklich zwischen den beiden Liebenden abgespielt hat. Im 10. und 11. Buch von *Dichtung und Wahrheit* entwarf Goethe zwar rückblickend seinen »Friederike-Roman«, gibt aber Eckermann gegenüber zu, es sei in dieser Schilderung »kein Strich enthalten, der nicht erlebt, aber kein Strich so, wie er erlebt worden«. Einen Hinweis auf die Fiktionalisierung gibt Goethe, wenn er einräumt, dass er zumindest unbewusst die Episode dem Roman *The Vicar of Wakefield* von Goldsmith nachempfunden hat:

»Gedachtes Werk hatte bei mir einen großen Eindruck zurückgelassen, von dem ich mir selbst nicht Rechenschaft

geben konnte; eigentlich fühlte ich mich aber in Übereinstimmung mit jener ironischen Gesinnung, die sich über
die Gegenstände, über Glück und Unglück, Gutes und
Böses, Tod und Leben erhebt, und so zum Besitz einer
wahrhaft poetischen Welt gelangt. Freilich konnte dieses
nur später bei mir zum Bewußtsein kommen, genug, es
machte mir für den Augenblick viel zu schaffen; keineswegs aber hätte ich erwartet alsobald aus dieser fingierten
Welt in eine ähnliche wirkliche versetzt zu werden.«
(*Dichtung und Wahrheit* II,10, Stuttgart 1991, S. 460).

Bereits früh deutete sich an, was für Goethe den Zusammenhang zwischen Erleben und Dichten ausmacht. Das,
was er als Fiktion wahrnimmt und was ihn berührt, wird
im eigenen Leben nachinszeniert. Dabei ist nie eindeutig
zu klären, was er wirklich erlebt und was er als literari-
sches Muster aufnimmt, um es wieder in Dichtung zu verwandeln. Der Dreischritt von Fiktion zu Erleben und zur
dichterischen Verarbeitung lässt sich im Leben und Schaffen Goethes an vielen Stellen, später z. B. bei der *Italieni-
schen Reise*, ausmachen.

In diesem Kontext ist die Entstehung der sogenannten
»Sesenheimer Lieder« oder »Friederike-Lyrik« zu sehen,
jenem Block jugendlicher Liebesdichtung, die in Goethes
Schaffen den Übergang von vorgeprägten empfindsam-
anakreontischen Mustern, wie sie die ganz frühe Dichtung
Goethes zeigt, hin zum individueller gestalteten Sturm-
und-Drang-Stil markiert. Ausschlaggebend für diesen Stil-
wandel ist nicht zuletzt Goethes Bekanntschaft zu Johann
Gottfried Herder (1744–1803), die Goethe ebenfalls in
Straßburg machte. Herder war fünf Jahre älter als Goethe
und hatte sich schon einen Namen als Schriftsteller machen können. In seinem Umfeld lernte Goethe auch andere Autoren kennen, die letztlich den Zirkel bildeten, der
aus heutiger Sicht den Kern des literarischen Sturm und
Drang ausmacht.

Das Gedicht erschien zuerst 1775 in der Zeitschrift *Iris*, in der vorliegenden Fassung. Dort trug es noch keinen Titel. 1789 nahm es Goethe deutlich überarbeitet unter dem Titel *Willkomm und Abschied* in den achten Band seiner *Schriften* auf, bevor er dem Text für die Werkausgabe von 1806 und alle weiteren Ausgaben den Titel *Willkommen und Abschied* gab. In der letzten, von Goethe selbst betreuten Gesamtausgabe seiner Werke, der »Ausgabe letzter Hand«, von 1827 findet es sich in der Rubrik »Lieder«.

Zeilenkommentar

[Titel] *Willkommen und Abschied*: In der Fassung des Erstdrucks trägt das Gedicht noch keinen Titel, die Variante in den *Schriften* von 1789 (im Folgenden zit. als: Schr. 1789) nennt es mit dem juristischen Terminus für die Prügelstrafe zu Beginn und Ende der Haftzeit *Willkomm und Abschied*, ab 1806 ersetzt durch das nicht mehr so deutlich darauf anspielende *Willkommen und Abschied*.

1 *Mir schlug ... zu Pferde:* (Schr. 1789:) »Es schlug mein Herz, geschwind zu Pferde!« Der deutlichere Bezug auf ein erlebendes Subjekt durch das Pronomen »mir« als erstem Wort wird durch »es« ersetzt. Dies wird zwar im Possessivpronomen »mein« leicht relativiert, aber dennoch durch die Wiederholung im zweiten Vers betont.

2 *Und fort ... Schlacht!:* (Schr. 1789:) »Es war gethan fast eh' gedacht;«. Der Vers setzt mit der anaphorischen Wiederholung des »es« ein. Dabei repräsentieren die beiden Pronomen vor allem den im zweiten Vers artikulierten vorbewussten Entschluss.

4 *hieng:* (Schr. 1789:) »hing«.

5 *stund:* altertümlich; (Schr. 1789:) »stand«.

5f. *Eiche, / ... Riese:* Die Personifikation lässt die Natur umso bedrohlicher erscheinen.

9 *seinem:* (Schr. 1789:) »einem«; weiteres Indiz für die Versachlichung (vgl. Anm. zu V. 1).

10 *Schien:* (Schr. 1789:) »Sah«.
Duft: hier: Nebel, Dunst.

14 *Doch tausendfacher ... Muth:* (Schr. 1789:) »Doch frisch und fröhlich war mein Muth«. Anstatt das Zahlwort steigernd aufzunehmen, werden die beiden auf »f« anlautenden Adjektive eingefügt. Das Ganze wirkt heller und weniger heroisch.

15 f. *Mein Geist ... Gluth:* (Schr. 1789:) »In meinen Adern welches Feuer! / In meinem Herzen welche Gluth!« Die parallel gebauten verblosen Ausrufe bzw. Interjektionen verkörpern die Intensität des emotionalen Zustands des lyrischen Ichs, ohne den zu Grunde liegenden Willen zu hinterfragen (»zerfloß« im Erstdruck).

17 *Ich sah dich:* (Schr. 1789:) »Dich sah ich«, intensiviert durch die ungewöhnlichere Umstellung bzw. Inversion: Mit dem ersten Wort des Verses ist das Gegenüber schon präsent.

21 *rosenfarbes Frühlings Wetter:* (Schr. 1789:) »Ein rosenfarbnes Frühlingswetter«. Im 18. Jh., besonders auch in Friedrich Gottlieb Klopstocks (1724–1803) Oden, die den jungen Goethe beeinflussten (vgl. die berühmte Szene in *Die Leiden des jungen Werthers*, in der Werther und Lotte sich über den Code ›Klopstock‹ verständigen), wird der Ausdruck »Wetter« häufig mit der Bedeutung »Gewitter« verbunden.

22 *Lag auf ... Gesicht:* (Schr. 1789:) »Umgab das liebliche Gesicht,« Die Natur wird nicht mehr direkt im Gesicht der Geliebten gespiegelt, sondern wird zum Hintergrund, vor dem das lyrische Ich sie wahrnimmt.

23 *ihr Götter!:* Die Interjektion bzw. der leidenschaftliche Ausruf als Anrufung der Götter unterstreicht die Emotionalität der Szene (vgl. letzte Zeile: »Götter«).

25–32 *Der Abschied ... welch ein Glück:* (Schr. 1789:) »Doch ach! Schon mit der Morgensonne / Verengt der

Abschied mir das Herz: / In deinen Küssen, welche Wonne! / In deinem Auge, welcher Schmerz! / Ich ging, du standst und sahst zur Erden, / Und sahst mir nach mit nassem Blick: / Und doch, welch Glück, geliebt zu werden! / Und lieben, Götter, welch ein Glück!« Hier als deutlicher Verweis auf den Morgen, so dass zwischen Ankunft und Trennung eine Nacht gelegen haben muss (dies muss in der Fassung des Erstdrucks nicht zwingend der Fall sein). Damit lässt sich hier auch ein Verweis auf die mittelalterliche Tradition des Tageliedes finden, mit dem Liebende am Morgen die Trennung betrauern. Die Verse 27/28 sind parallel gebaut und verdeutlichen so den Gegensatz von Wonne und Schmerz mit noch mehr Nachdruck. V. 29 kehrt die Figuration des Abschieds um, denn nicht mehr verlässt die Geliebte das lyrische Ich, sondern nun verlässt der Mann die Geliebte, die ihm nachblickt.

Metrische und rhythmische Besonderheiten

Auf den ersten Blick scheint das Gedicht eine regelmäßige, konventionelle Form zu haben, da die vier Strophen jeweils aus acht vierhebig jambisch gebauten und kreuzgereimten Versen bestehen. Damit hätte man es hier mit einer tradierten, einfachen Liedform zu tun, die jedoch mit der dramatischen Füllung deutlich kontrastiert. Entsprechend werden Abweichungen vom metrischen Schema geschickt genutzt, um den Inhalt zu verdeutlichen. Schon die Interpunktion markiert Pausen, die den gleichmäßigen Rhythmus ins Stocken bringen (vgl. V. 17: »Ich sah dich, und …«). Aber auch Abweichungen in der Akzentuierung wie in V. 2 (»Und fort, wild, wie ein Held …«), wenn auf mehrere betonte Silben mehrere unbetonte folgen, vermitteln einen aktiven, lebendigen Eindruck. So hat man in der

Interpretation wiederholt darauf hingewiesen, dass die lautliche und rhythmische Gestaltung den Inhalt deutlich unterstreicht. Gerhard Kaiser (s. u., »Forschungsstimmen«) erkennt in den ersten Versen zum Beispiel Pferdegetrappel. Auf alle Fälle tragen die klangliche und metrisch-rhythmische Ausgestaltung wesentlich zur intensiven Wirkung des Gedichtes bei, so dass die zunächst oberflächlich festgestellte Regelmäßigkeit der Form sich als ebenso expressiv erweist wie der Inhalt.

Forschungsstimmen

GERHARD KAISER (geb. 1927) befasst sich mit dem Gedicht – in seiner Fassung von 1789 – im Kontext der Frage nach der Erlebnislyrik (dabei lässt er allerdings auch psychoanalytische Elemente in seine Interpretation einfließen). Letztlich kommt er zu dem Schluss, dass es sich bei dem Text um die Formulierung einer Individuation handelt, indem das lyrische Ich sich von Adoleszenz, Herkunftsfamilie und Egozentrik lösen und ein Gegenüber finden kann:

»Von hier aus erst wird faßbar, daß die Begegnung mit der Geliebten nicht von außen geschildert werden kann und darf, weil sie für das liebende Ich primär ein krisenhafter innerer Durchbruch ist. »Ích sáh dích« – »gánz war mein Hérz«: die zwei markanten gegenmetrischen Betonungen der dritten Strophe sagen, was ist. Es ist wie ins Freie treten. Nach der leidenschaftlichen und phantastischen Ichbefangenheit des Rittes findet hier ein emphatischer Akt des Sehens statt, der liebenden Wahrnehmung eines Gegenüber in seinem Eigenrecht, auch eine Welt zu sein. Ich – dich: ich – du – von nun an wird dieses Du angesprochen. Die chimärische Begegnung mit Ursprung und Herkunft – Vater und Mutter – wird zur Erfahrung des realen

Gegenüber auf gleicher Ebene. Damit ist das gluthafte innere Chaos zu Ende, das Herz ist ganz. So werden kontrastierend Motive der vorausgehenden Strophen aufgenommen: Wild wird zu mild, schauerlich zu lieblich, verzehrend zu zärtlich, schwarze Augen zu süßem Blick; das für sich schlagende Herz schlägt nun ganz an ihrer Seite, »und jeder Atemzug für dich«. Erst sah die Finsternis, jetzt sieht das Ich. Dem Blick antwortet der Gegenblick, der Ausruf – »ihr Götter!« – gilt als Dank schenkenden, gewährenden Mächten, ist nicht mehr nur dumpfe Selbstanfeuerung. Eine Ruhe tritt ein. Zärtlichkeit ist ein Verhalten, das Lust daraus schöpft, dem anderen Lust zu bereiten. Nach dem Abend, nach der Glutnacht liegt ein »rosenfarbenes Frühlingswetter« auf dem lieblichen Gesicht der Geliebten. In ihm sind konventionelle Elemente der Liebesdichtung – der Preis der Geliebten, die Rose als Blume und der Frühling als Jahreszeit der Liebe – zu einer so noch nie dagewesenen, einzigartigen Bestimmung verschmolzen. Auf die Geliebte fällt der Glanz des Tages, in dem Morgenrot und Abendrot zusammenlaufen, auf die Natur fällt der Glanz der Geliebten. [...]«

Gerhard Kaiser: Was ist ein ›Erlebnisgedicht‹? Johann Wolfgang Goethe: »Es schlug mein Herz...« In: G. K.: Augenblicke deutscher Lyrik. Gedichte von Martin Luther bis Paul Celan interpretiert durch Gerhard Kaiser. Frankfurt a. M.: Insel Verlag, 1987. S. 117–144, hier S. 125f. – © Insel Verlag, Frankfurt a. M. 1987.

ECKHARDT MEYER-KRENTLER hat als erster den Zusammenhang zwischen dem juristischen Terminus »Willkomm und Abschied« und dem Titel des Gedichts in der *Schriften*-Fassung von 1789 erkannt. Er macht deutlich, dass dem Juristen Goethe die Implikationen, die mit der Bezeichnung einer Prügelstrafe, die ein Häftling zu Beginn und Ende seiner Zeit im Gefängnis erdulden musste, be-

wusst waren, als er sein Gedicht mit dem Titel über-
schrieb:

»Halb offenlegend, halb verbergend hat Goethe also mit-
tels der Prosa-Stückelung des Gedichttextes in ›Dichtung
und Wahrheit‹ höchstselbst die verschiedenen Wegweiser
aufgestellt, denen die Goethe-Philologie seither nur unvollständig gefolgt ist. Wird nun auch der subkutanen
[verborgenen] strafrechtlichen Konnotation von ›Willkommen und Abschied‹ für das Gedicht Rechnung getragen, macht das die gängigen Deutungen nicht samt und
sonders obsolet. Sie werden nicht durch einen abweichen-
den, eindeutigen und vielleicht enttäuschend profanen
Sinn abgelöst, sondern auf ihr bislang unerkanntes Funda-
ment gestellt. Erstaunlicherweise fügt sich diese Konnotation nämlich fast nahtlos in das bekannte Bild ein, löst viele Unstimmigkeiten auf und gibt dem so geläufigen Gedicht erst seinen ganzen Sinn.
[...] Das Gedicht setzt mit ›Willkomm und Abschied‹
nicht nur die Assoziation der Strafbarkeit, sondern gleichzeitig die der Unverbesserlichkeit des Delinquenten. [...]
Indem er die strafrechtliche Formel mit dem Inhalt der
›zärtlichen‹ Beziehung koppelt, weist er auf die Totalität
der mit ›Zärtlichkeit‹ nur unvollständig erfaßten Liebe
hin. Im selben Atemzug werden die offiziösen Sittlich-
keitsvorstellungen der besseren Gesellschaft Lügen ge-
straft.
Damit sind wir auf dem entscheidenden Punkt, was die
semantische Doppelung von ›Willkomm und Abschied‹
anbelangt. Es ist keineswegs so, daß Goethe die literarische Formel insgeheim durch den strafrechtlichen Hinter-
sinn zerstört, sondern umgekehrt: Mit der neuen Rubri-
zierung seines Liebesgedichts unter dem Strafvollzugs-
Terminus zieht einerseits das Thema von Schuld und
(mangelnder) Sühne in den Text ein, wird andererseits
aber auch der krude Strafvollzugs-Sinn der Titelformel

überwunden durch deren neue semantische Besetzung.
Der literarische Sinn kollidiert nicht mit dem der Prügelstrafe, er integriert ihn und formuliert so einen neuen,
zukunftsträchtigen Inbegriff der Dichterliebe und des Liebesgedichts, der geeignet ist, die gegebene Strafvollzugs-
Bedeutung und sämtliche Konnotationen von Unsittlich-
keit, Schuld und Moral gänzlich hinter sich zu lassen. Daß
Goethe dies vollständig gelungen ist, bedarf nach den in
die Hunderte gehenden Interpretationen, die nur noch
den neuen Sinn wahrgenommen haben, keiner Frage. Insofern kann Goethe doch als genialer Schöpfer der Formel
›Willkomm und Abschied‹ gelten.
Trotzdem gilt für den historischen Moment der Entstehung der Zweitfassung und darüber hinaus, daß die semantische Doppelbelegung der literarischen Doppelfor-
mel wahrzunehmen und ernstzunehmen ist – schließlich
hat Goethe sie höchstselbst in ›Dichtung und Wahrheit‹
noch einmal inszeniert.«

Eckhardt Meyer-Krentler: Willkomm und Abschied.
Herzschlag und Peitschenhieb. Goethe, Mörike,
Heine. München: Fink, 1987. S. 97, 108 f. – © 1987
Wilhelm Fink GmbH & Co. Verlags-KG, Pader-
born.

PETER UTZ (geb. 1954) konzentriert sich bei seiner Deutung vor allem darauf, wie der Text Sinneswahrnehmung
inszeniert:

»Die ›ganzheitliche‹ Wahrnehmung der ersten beiden
Strophen war noch im Naturlaut, im schauerlich sausen-
den Wind beispielsweise, aufgegangen. In der dritten
Strophe dann hatte sich das Projekt einer Identität kon-
kretisiert, die ebenfalls ohne Sprache, in osmotischer
Wahrnehmung, den Austausch zwischen innen und außen
als ›atmenden‹ Blick realisiert. Diese Utopie wird im ›Abschied‹ der Schlußstrophe zwar nicht gänzlich verabschie-

det, aber aus dem Abstand der Erinnerung in den Chiasmus [Kreuzstellung] der Schlußsentenz überführt, der die Begegnung mit der Geliebten noch einmal in Begriff und Form evoziert und sprachlich gestaltet.

Die Reflexivität der Schlußstrophe gibt Anlaß, das Verhältnis von Wahrnehmung und Sprache noch einmal zu bedenken. [...] Das Subjekt der Textrede rückt das Geschehen, den Augen-Blick, von sich ab, indem es ihn vertextet. Der Text gelingt, wo der Blick versagt. Hinter dem virtuosen sprachlichen Kunstgriff der Schlußzeilen steht das Defizit der Wahrnehmung. Es wirft seinen Schatten zurück auf den ›sprechenden Blick‹ der Geliebten, der nicht mehr sein kann als eine Metapher, sprachlich gestiftet vom Subjekt der Textrede. In dieser Metapher tritt der Bruch zwischen Sehen und Sprechen gerade deshalb an die Textoberfläche, weil er sprachlich überbrückt werden soll. Dieses Problem, das Problem der Vermittlung von Wahrnehmung und Sprache, wird Goethe in seinem späteren Werk immer wieder bearbeiten, denn in ihm steckt, wenn literarische, sprachliche Reflexion über Wahrnehmung möglich sein soll, ein genuines Problem seiner Poetologie.

In *Willkommen und Abschied* tritt es nicht nur an der Metapher vom ›sprechenden Blick‹ auf, sondern es bestimmt die heterogene Struktur des Ganzen. Während die Sprache des Textes in der ersten Gedichthälfte den Helden und die Natur anthropomorphisierend verschmilzt, stellt sie in der zweiten Gedichthälfte den Gegensatz zwischen Wahrnehmung und Sprache heraus: In der dritten Strophe gelingt nur die Wahrnehmung, in der vierten Strophe gelingt nur ihre Formulierung. So gespalten wie Wahrnehmung und Sprache, so gespalten ist ein ›ich‹, das im ganzen Text, bis zu den Schlußzeilen, nur wahrnimmt, und in den Schlußzeilen nur spricht. In dieser Gegensatzstruktur fordert der Text die Reflexion des Lesers heraus, er ruft nach Synthese: ein Individuum, das in Wahrnehmung und Sprache sei-

ne Grenzen kommunikativ zu definieren verstünde. Eindruck und Ausdruck als Wechselverhältnis, als ›Atemzug‹.«

Peter Utz: Das Auge und das Ohr im Text. Literarische Sinneswahrnehmung in der Goethezeit. München: Fink, 1990. S. 107 f. – © 1990 Wilhelm Fink
GmbH & Co. Verlags-KG, Paderborn.

RUDOLF BRANDMEYER (geb. 1945) schließlich reflektiert in
seiner Deutung im Kontext einer Einführung in die Lyrik
des jungen Goethe den Sprechakt selbst. In der Sprechhaltung des Gedichtes erkennt er eine Distanz hinter der in-
szenierten Erlebnishaftigkeit. Damit kommt er auf das
Konzept von Erlebnislyrik zurück, das er hier gerade wi-
derlegt sieht:

»Und dies ist nicht die Fiktion eines *Ereignisses,* sondern
die eines Sprechers, dessen Rede vieles aufnehmen kann,
was durchaus nicht die Lebendigkeit von Ereignishaftem
haben muß, aber immer in einer *Sprechhaltung* vorgetragen wird, die *erlebnishaft* ist, insofern sie das Besprochene
tendenziell aufzehrt im aktuellen Ich-Ausdruck. So gesehen bereitet das vorliegende Beispiel durchaus Probleme.
Denn hier wird in der Vergangenheit gesprochen und in
der damit gegebenen Distanz von Sprecher und Bespro-
chenem auch eine kleine Geschichte entfaltet, die ihre eigene, irreduzible Kohärenz hat: Aufbruch und Ritt zur
Geliebten, Begegnung und Trennung. Wie sollte diese
Distanz und insbesondere die Abfolge dieser Zeitpunkte
auflösbar sein in einem noch so emotionalen Sprechaugen-
blick? Gleichwohl kann man beobachten, daß die zeitliche
Erstreckung des Geschehens und die konkrete Füllung
seiner Augenblicke den, der davon in der Vergangenheit
spricht, nicht absorbiert. Und dies nicht aus dem einfachen Grunde, weil er selbst der Gegenstand seiner Rede
ist, sondern weil er bis in die sprachliche Gestaltung hin-

ein als Beteiligter präsent bleibt, für den alle berichteten Augenblicke in der Sprechsituation wiedererlebt sind. [...] Das Sprechen bleibt gegenüber seinem (vergangenen) Inhalt immer unmittelbar und zeigt auf diese Weise eine den Reflexions-Gedichten vergleichbare Fähigkeit, das Besprochene in einen starken Ich-Ausdruck zu integrieren.«

Rudolf Brandmeyer: Die Gedichte des jungen Goethe. Göttingen: Vandenhoeck & Ruprecht, 1998. S. 100 f. – © Verlag Vandenhoeck & Ruprecht, Göttingen.

Prometheus

Bedecke deinen Himmel Zevs
Mit Wolckendunst!
Und übe Knabengleich
Der Disteln köpft
5   An Eichen dich und Bergeshöhn!
Mußt mir meine Erde
Doch lassen stehn,
Und meine Hütte
Die du nicht gebaut,
10 Und meinen Heerd
Um dessen Glut
Du mich beneidest.

Ich kenne nichts ärmers
Unter der Sonn als euch Götter.
15 Ihr nähret kümmerlich
Von Opfersteuern
Und Gebetshauch
Eure Maiestät;
Und darbtet, wären
20 Nicht Kinder und Bettler
Hoffnungsvolle Thoren.

Da ich ein Kind war,
Nicht wußt wo aus wo ein,
Kehrt mein verirrtes Aug
25 Zur Sonne, als wenn drüber wär

Ein Ohr zu hören meine Klage
Ein Herz wie meins
Sich des Bedrängten zu erbarmen.

Wer half mir wider
Der Titanen Übermuth   30
Wer rettete vom Todte mich
Von Sklaverey?
Hast du's nicht alles selbst vollendet
Heilig glühend Herz
Und glühtest iung und gut   35
Betrogen, Rettungsdanck
Dem Schlafenden dadroben

Ich dich ehren? Wofür?
Hast du die Schmerzen gelindert
Je des Beladenen   40
Hast du die Trähnen gestillet
Je des Geängsteten?
Hat mich nicht zum Manne geschmiedet
Die allmächtige Zeit
Und das ewige Schicksaal   45
Meine Herrn und deine.

Wähntest du etwa
Ich sollt das Leben hassen,
In Wüsten fliehn,
Weil nicht alle Knabenmorgen   50
Blütenträume reiften?

Hier sizz ich, forme Menschen
Nach meinem Bilde
Ein Geschlecht das mir gleich sey
Zu leiden, weinen
Geniessen und zu freuen sich
Und dein nicht zu achten
Wie ich.

Nach Goethes Handschrift von 1778 in: Aus Goethes Archiv. Die
erste Weimarer Gedichtsammlung in Facsimile-Wiedergabe. Hrsg.
von Bernhard Suphan und Julius Wahle. Weimar 1908. – Erstdruck
in: Friedrich Heinrich Jacobi: Über die Lehre des Spinoza in Briefen an den Herrn Moses Mendelssohn. Breslau 1785. – Witte (2001),
S. 69–71.

Entstehung und Erstdruck

Das Prometheus-Gedicht entstand aus Goethes Arbeit an
einem Prometheus-Drama, das er 1773 begonnen hatte,
von dem er aber nur zwei Akte ausarbeitete. Obwohl er
selbst rückblickend das Gedicht als Monolog des Prometheus an den Anfang des dritten Aktes des Dramas gestellt
haben wollte (Brief an Zelter vom 11 Mai 1820, vgl. auch
Dichtung und Wahrheit III,15), gilt es als gesichert, dass
der Text eigenständig ist, da seine Gestaltung nicht direkt
an die vorliegenden zwei Akte anzuschließen ist bzw. weil
sich Textwiederholungen ergäben.
Die älteste überlieferte Fassung des Gedichtes liegt in
Form einer eigenhändigen Abschrift Goethes vor, die er
vermutlich mit einem Brief am 7. März 1775 an seinen
Freund Johann Heinrich Merck (1741–1791) gesandt hat.
Hier liegt allerdings die Fassung der *Ersten Weimarer
Gedichtsammlung* dem Druck zu Grunde, da diese bis

heute die geläufigste ist. Gegenüber der älteren Variante finden sich nur wenige Veränderungen am Gedicht. Allerdings wurde diese Sammlung nie gedruckt und über den Weimarer Zirkel hinaus publik gemacht. So erschien das Gedicht als Erstdruck 1785 ohne ausdrückliche Autorisation Goethes anonym im Rahmen von Friedrich Heinrich Jacobis Schrift *Über die Lehre des Spinoza in Briefen an den Herrn Moses Mendelssohn* auf zwei unpaginierten Oktavblättern. Dort wurde der Text Auslöser für den sogenannten Spinoza-Streit, da er selbst zwar anonym publiziert wurde, aber in unmittelbarer Nachbarschaft zu Goethes *Das Göttliche* stand, dem der Autorname beigegeben war. Damit war in Goethes Augen für jeden klar erkennbar, dass auch *Prometheus* von ihm sei. Auf diesen Text bezieht sich der Dialog zwischen Lessing und Jacobi, der sich in Jacobis Schrift wiedergegeben findet und die Verbindung vom Gedicht zu Spinoza markiert:

»*Leßing.* Ich meyn' es anders ... Der Gesichtspunkt, aus welchem das Gedicht genommen ist, das ist mein eigener Gesichtspunkt ... Die orthodoxen Begriffe von der Gottheit sind nicht mehr für mich; ich kann sie nicht genießen. [Eins und Alles!] Ich weiß nichts anders. Dahin geht auch dies Gedicht; und ich muß bekennen, es gefällt mir sehr.

Ich. Da wären Sie ja mit Spinoza ziemlich einverstanden.

Leßing. Wenn ich mich nach jemandem nennen soll, so weiß ich keinen anderen.«

(Vgl. Richard Daunicht, *Lessing im Gespräch. Berichte und Urteile von Freunden und Zeitgenossen*, München 1971, S. 498)

Goethe reagierte in seinem Brief an Jacobi (11. September 1785) verärgert: »Ob du aber wohl daran gethan hast mein Gedicht mit meinem Namen vorauf zu setzen, damit man ja bei dem noch ärgerlichern Prometheus mit Fingern auf mich deute, das mache mit dem Geiste aus der dich es geheißen hat.«

Nachdem das Gedicht bekannt geworden war, nahm es Goethe, wenn auch widerwillig, in die *Schriften* von 1789 auf, wo sich allerdings eine glättend und entschärfend bearbeitete Version findet. Die an Merck gesandte Variante wird hier mit ›Merck 1775‹ und die der Schriften mit ›Schr. 1789‹ bezeichnet.

Zeilenkommentar

[Titel] *Prometheus:* Schon im Dramenfragment in Abweichung gegenüber den Vorgaben, die Goethe in Benjamin Hederichs *Gründlichem mythologischem Lexikon* (Leipzig 1770, Sp. 2090–98) fand, tritt Prometheus hier als Sohn – nicht als Vetter – des Zeus auf. Hederich schrieb: »Sein Vater war Japetus, ein Titan, und seine Mutter Klymene, eine Tochter des Oceans [...]. Er machte zuerst die Menschen aus Erde und Wasser. [...] Allein, da Minerva denselben bewunderte, so versprach sie ihm zugleich, daß, wenn er etwas von himmlischen Gaben darzu verlangte, sie ihm dießfalls behülflich seyn wollte. [...] Und, da er sah, wie alles durch das himmlische Feuer belebet würde, so zündete er insgeheim eine Ruthe an dem Sonnenwagen an, und hielt solches Feuer dem gedachten Menschen an die Brust, wodurch denn derselbe lebendig wurde.« (Sp. 2091). Obwohl weder die Vaterschaft des Zeus noch der Feuerraub im Text des Gedichtes explizit wiederholt werden, herrscht allgemein Zustimmung, dass diese Konstellation auch hier angelegt ist. Die monologische Fassung des Rollengedichts macht dieses als Auflehnung (des Sohnes) gegen jegliche Autorität, sei sie familiär (Vater), religiös (Gott) oder politisch (Herrscher), lesbar.

1 *Bedecke:* als konzessiver Imperativ zu verstehen (Selbst

dann, wenn Du Deinen Himmel mit Wolken bedecken
würdest, musst Du doch …).

Zevs: Im 18. Jh. die übliche Schreibweise für ›Zeus‹. In
der Wendung an den Gott(vater) wird der hymnische
Gestus des Textes herausgestellt, der gleichzeitig eine
Abwendung enthält, da der Gott gerade nicht gebeten
wird, gnädig auf die Erde herabzusehen.

3 *Und übe Knabengleich:* (Schr. 1789:) »und übe, dem
Knaben gleich« in der Überarbeitung das Adverb
aufgelöst (»Knabengleich«), damit der Rhythmus
durch den Daktylus (»übe dem Knáben gleich«) beru-
higter wird.

6 *meine Erde:* Gegenüberstellung der Sphären: Während
Zeus der Himmel zugeordnet wird, ist das Irdische das
Revier des Prometheus. Gesteigert wird dies durch die
Reihung *meine Hütte, mein Heerd* und *Glut,* jeweils
vom Umgreifenden zum Kleineren, Umschlossenen
und weg vom Himmel hin auf Prometheus, dem in
den Versen 34 und 35 das Glühen auch persönlich zugeordnet wird.

7f. *Doch lassen … / … Hütte:* (Merck 1775:) Absatz und
neue Strophe, was die Reihung *Erde, Hütte, Heerd,
Glut* unterbricht. In der vorliegenden Fassung treten
alle Begriffe in einem Abschnitt auf, was deren Zusammenhang unterstreicht.

8f. *meine Hütte / Die du:* (Schr. 1789:) »meine Hütte,
die du nicht gebaut«, wo die Sphären von Prometheus
(*meine*) und Zeus (*du*) zum ersten Mal in nur einem
Vers direkt aufeinandertreffen.

11 *Glut:* wird schon hier Prometheus und nicht der göttlichen Sphäre zugeordnet. Der Mythos von Prometheus als dem, der den Göttern das Feuer raubt, um es
den Menschen zu bringen.

13 *kenne:* (Merck 1775:) »kenn«. Der eingefügte Vokal
verhindert, dass das Verb ans folgende *nichts* angebun-
den wird.

15–18 *Ihr nähret ... Maiestät:* Anspielung auf Prometheus' eigenen Betrug beim Opfer, einer weiteren Variante des Mythos, die sich bei Hederich (Sp. 2092)
findet und nach der Prometheus Jupiter bei einem Opfer die Gabe vorenthält, worauf Jupiter den Menschen
das Feuer wegnimmt, das Prometheus dann wieder
vom Sonnenwagen holt und den Menschen zurück-
gibt. Es wäre aber auch möglich, aus dem Wortfeld
eine politische Auflehnung herauszulesen. Die das
ganze Gedicht durchziehende Tendenz, die göttliche
Sphäre nicht als allmächtig und jenseitig, sondern als
mit menschlichen Maßstäben fassbare und deshalb
eben nicht absolute darzustellen, wird hier besonders
deutlich. Die Gottesvorstellung im Gedicht deckt sich
damit weder mit der antiken noch mit einer orthodox
christlichen.

16–19 *Von Opfersteuern ... wären* (Merck 1775:) »Von
Opfersteuern und Gebetshauch / Eure Majestät, und
darbtet wären«, Verstärkung der Ironiesignale durch
die engere Verbindung in zwei statt vier Versen.

22 *Da ich ... war:* (Merck 1775:) »Als ich ein Kind war«,
zur temporalen Bedeutung (*als*) tritt zusätzlich eine
kausale (*da*).

23 f. *Nicht wußt ... Aug:* (Schr. 1789:) »Nicht wußte wo
aus noch ein / Kehrt' ich mein verirrtes Auge«, lautliche und rhythmische Glättung.

27 *Herz:* bereits hier als zentrale Kategorie des Ich, das
dem Gegenüber fehlt.

29 f. *Wer half ... Übermuth:* (Schr. 1789:) »Wer half mir /
Wider der Titanen Übermut?« Nochmals Betonung
der eigenen Position, da *mir* an letzter Stelle im Vers
durch die Endstellung größeres Gewicht eingeräumt
bekommt, außerdem stärkere Anklage des Zeus durch
die rhetorische Frage, wer Prometheus gegen die Titanen geschützt habe. (Prometheus nun als Zeus' Sohn,
da die Titanen ihm feindlich gesonnen sind, obwohl er

entsprechend dem Mythos eigentlich selbst ein Titan ist, vgl. oben, Hederich, Sp. 2091).

33 *Hast du's ... vollendet:* (Schr. 1789:) »Hast du nicht alles selbst vollendet«, die Doppelung des Akkusativobjekts fällt weg, *alles* umfasst mehr als nur die vorher aufgezählten Leistungen.

34 *Heilig ... Herz:* Zentraler Vers, im Ich werden die drei zentralen Kategorien aufgerufen. Indem es sich selbst, sein *glühend Herz* als *heilig* bezeichnet, das sich selbst hilft, bedarf es keiner anderen heiligen, geschweige denn göttlichen Sphäre mehr.

40 *des Beladenen:* vgl. Mt. 11,28: »Kommet her zu mir alle, die ihr mühselig und beladen seid; ich will euch erquicken.« Die radikale Abkehr vom Göttlichen manifestiert sich in der Negation biblischer Formulierungen. Vgl. auch *V. 52,* in dem sich das schöpferische Ich selbst zum Bildgeber der Menschen erklärt, wie es in der biblischen Vorstellung Gott war (vgl. 1. Mose 1,27a: »Und Gott schuf den Menschen ihm zum Bilde, zum Bilde Gottes schuf er ihn«).

44–46 *Zeit ... Schicksal:* Allein Zeit und Schicksal (griech. Chronos und Moira) werden als lebensbestimmende Autoritäten anerkannt. Dies deckt sich mit dem griechischen Verständnis, das Chronos und Moira den Göttern noch überordnete.

47 *Wähntest du etwa:* (Schr. 1789:) Das ergänzte Satzzeichen nach »etwa« macht den Zeilenumbruch noch deutlicher.

50f. *Knabenmorgen / Blütenträume:* (Schr. 1789:) »Weil nicht alle / Blütenträume reiften?« Glättung von Goethes eigener Wortneuschöpfung, die in ihrer Bildlichkeit nicht nur unmittelbar verständlich, sondern in der steigernden Kombination dreier Begriffe, die Jugendlichkeit symbolisieren (Knaben, Morgen, Blüten), typisch für den Sprachgebrauch des Sturm und Drangs ist.

Johann Wolfgang Goethe: Jüngling mit Adler, um 1805/08

55 f. *Zu leiden ... freuen sich:* (Schr. 1789:) »Zu leiden zu
weinen / Zu genießen und zu freuen sich«. Die Bei-
ordnung des *zu* nur zu zwei, semantisch gegensätzli-
chen, die Verse chiastisch umschließenden Verben hebt
die Untrennbarkeit von Freude und Leid im menschlichen Dasein hervor, betont außerdem die Ablehnung
des Gottes stärker, die Wiederholung des *zu* vor allen
Infinitiven markiert die immer bewusste und aktive
Haltung des neuen Geschlechts deutlicher.

Metrische und rhythmische Besonderheiten

Bei Goethes Gedicht handelt es sich um eine freirhythmi-
sche Ode, die dem Vorbild von Klopstocks Dichtung folgt,
also jenen Oden im hohen Ton, freien Rhythmen, dem
Gestus der Erhabenheit und oft einer aus der Natur ent-
lehnten Bildlichkeit, die trotz ihrer Gewalt doch die kos-
mische Ordnung bestätigt. Klopstock gestaltete in seinen
Texten ein im weiteren Sinne christliches Weltverständnis,
so dass er sich an den Ton der biblischen Psalmen genauso
anlehnen konnte wie an den als klassisch-antike Autorität
der Dichtkunst etablierten Horaz. Über diese Antikenre-
zeption ließ sich auch die Reimlosigkeit der Verse legitimieren. Goethe setzte demgegenüber einen neuen, erhabe-
nen Ton in der Rezeption des griechischen Sängers Pindar
durch, der schon seit der Renaissance als freier und begeis-
terter Dichter jenseits eines festen Regelkanons galt, der
sich anscheinend nur von seinem Enthusiasmus leiten ließ.
Goethe selbst gestaltete diese Ansicht in *Wanderers Sturm-
lied*, wo es heißt: »Du bist Genius [...] / Bist, was innre
Glut / Pindarn war«. Zwar hatte man im 18. Jahrhundert
auch für dessen Oden ein äußerst komplexes Regelwerk
entdeckt, doch hielt sich Goethe weder an dieses noch an
die antiken Odenmaße, etwa die sapphische, alkäische oder
asklepiadeische Odenstrophe.

Stattdessen spielt die Rhythmik im Text eine wichtige Rolle, indem sie das inhaltlich Ausgesagte sinnlich fassbar macht. Erst in der Artikulation bzw. beim lauten Lesen zeigt sich die metrische und rhythmische Anlage des Textes. So folgen z. B. in V. 6 nicht nur drei Hebungen aufeinander, sondern auch drei Begriffe, die als Alliteration mit dem gleichen Buchstaben beginnen (»Mußt mir meine«). Durch diese Art der sprachlichen Ausgestaltung kann sogar die Interpunktion ersetzt werden, etwa in V. 14, wenn zwei aufeinander folgende Hebungen eine kleine Pause erzwingen zwischen »euch« und »Götter,« – ein klares Zeichen für ironische Abwertung von deren Position. V. 38 schleudert seine elliptischen rhetorischen Fragen ebenso rhythmisch verknappt dem Gott entgegen wie die ersten drei Worte von V. 52 (»Hier sizz ich«), die mit jeder einzelnen der drei Hebungen das Ich rhythmisch manifestieren. Im vorletzten Vers drückt sich die Missachtung des Gegenübers aus, indem mit »dein nicht« zwei Hebungen aufeinander folgen, im letzten betont das Ich nochmals seine eigene Position, indem die Hebungen es selbst und die Übereinstimmung ›seiner‹ Menschen mit der eigenen Haltung betonen.

Forschungsstimmen

Neben der Publikationsgeschichte, also dem oben erwähnten Spinozismus-Streit, hat man sich in der Forschung lange mit der Position beschäftigt, die der Ode im Gesamtwerk Goethes zukommen sollte. Während aber die Frage, wie Lessing aus Goethes Text sofort auf eine spinozistische Weltsicht schließen konnte, was er ja in dem oben zitierten Gespräch tat, kaum zu Deutungen der Ode führte, musste ein Text, der eine solche Wirkung hatte, trotzdem auf seinen Dichter zurückverweisen. Es ließ sich die Klassiker-Verehrung, die Goethe entgegengebracht wurde, allerdings kaum mit einer so radikalen Position wie der im Gedicht artikulierten in Einklang bringen. Entsprechend bezog man in die Interpretation oft die gegenläufige Konzeption des Goethe'schen Gedichtes *Ganymed* ein, der seit der *Ersten Weimarer Gedichtsammlung* in Goethes Werkausgaben immer auf den *Prometheus* folgt. Dort heißt es:

> Ich komme! Ich komme!
> Wohin? Ach wohin?
> [...]
> Aufwärts!
> Umfangend umfangen!
> Aufwärts
> An deinem Busen
> Alliebender Vater!

ERICH TRUNZ (1905–2001) schreibt deshalb in seinem Kommentar zu *Prometheus*:

»Nicht der Dichter spricht (wie in *Ganymed*), sondern Prometheus, nach der griechischen Sage [...].
In späteren Jahren sagte Goethe: *Systole* und *Diastole*. Das Drama *Prometheus* meisterte die große Aufgabe, beide Wege zu gestalten, in den Prometheus-Szenen die höchste Verselbstung, in den Pandora-Szenen die reine Entselbstigung. Das Gedicht *Prometheus* stellt nur eine dieser Haltungen dar; es fand daher in der Hymnenreihe eine Ergänzung in dem Gedicht *Ganymed*, das die andere verkörpert. Goethe hat schon 1789 und seither immer wieder beide nebeneinandergestellt.«

HA 1, S. 484. – © 1981 C. H. Beck, München.

CARL PIETZCKER (geb. 1936) hingegen liest den *Prometheus* psychoanalytisch und wendet damit den Blick weg vom literarischen Rang des Autors hin zu seiner psychologischen Entwicklung. Für ihn wird in seiner Studie *Trauma, Wunsch und Abwehr* das Gedicht zu einem ödipalen Drama, das durchaus einen gebrochenen Helden hat:

»In trotzig-aggressivem, also analem Schaffen formt der einsame Empörer seine sich in sich selbst spiegelnde Welt narzißtischen Gefühls. Er weicht den Gefahren der frühen narzißtischen Wünsche aus und führt diese Wünsche dennoch zur Befriedigung, zu einer Ersatzbefriedigung im objekt-, im zeusfernen Schaffen freilich.
[...] Des Prometheus Trotz gegenüber einem Zeus, der Mutterzüge trägt, läßt sich nicht mehr als Kampf um die Mutter erkennen und führt dennoch zur verborgenen Befriedigung ödipalen Hasses. Auch muß Prometheus den ödipalen Kampf im präödipalen Bereich gar nicht ausfechten. Er zeugt hier ja selbständig, ohne die Mutter, narzißtisch nur aus sich selbst. Nur anal und ersatzweise nähert er sich ihr, formt Menschen aus Ton ›meiner Erde‹. [...]
Goethe läßt seinen Prometheus schaffen, weil ›nicht alle Knabenmorgen-/Blütenträume reiften‹. Schaffend sucht Prometheus einen Ersatz für das, was er früh erträumte und nie bekam. [...] Der vergeblich Geborgenheit suchte, baut eine bergende ›Hütte‹, er bewahrt die ›Glut‹ im eng begrenzten ›Herd‹ und sein ›heilig glühend Herz‹ in seinen Geschöpfen. So rettet er sich das Verlorene, doch nur im Ersatz. Daß es Ersatz ist, daß im Hintergrund die Melancholie also immer noch droht, das treibt zu weiterem Schaffen.
Prometheus, ein Sinnbild des Menschen, der sein Geschick selbst in die Hand nimmt, ein Bild des schaffenden Künstlers und Revolutionärs, widerspricht unseren ›Knabenmorgen-/Blütenträumen‹ von Selbständigkeit, Kreati-

vität und Aufstand. Er ist gebrochen: selbständig auch aus
Schwäche, schaffend gegen die Bedrohung der Melancholie und revolutionär auch aus Enttäuschung und in Flucht
vor sich selbst. Dennoch wurde er bisher überwiegend als
der ungebrochen trotzige Titan gelesen, der stehend dem
Zeus seine Verachtung entgegenschleudert. Die Fassade
revolutionären Angriffs entsprach den Wunschträumen
heroismusbedürftiger Leser. Prometheus aber sitzt.«

Carl Pietzcker: Trauma, Wunsch und Abwehr:
psychoanalytische Studien zu Goethe, Jean Paul,
Brecht, zur Atomliteratur und zur literarischen
Form. Würzburg: Königshausen und Neumann,
1985, S. 18 f. – © 1985 Verlag Königshausen und
Neumann, Würzburg.

MARIUS MELLER (geb. 1969) wendet den Blick weg von
der griechischen Mythologie und interpretiert das Gedicht
als radikale Abkehr von christlichen Vorstellungen, indem
er intertextuelle Bezüge zur Bibel herausarbeitet:

»Hinter seiner mythologischen Maske verbirgt das Gedicht die Engführung zweier zentraler neutestamentlicher
Texte. Einerseits ist die Hymne ein Vater-Unser mit um-
gekehrten Vorzeichen. Die Anrufung der ersten Zeile läßt
das ›pater noster, qui es in caelis‹ mithören und trifft genau dessen Gehalt – allerdings in der Negation: [...] So ist
Goethes Gedicht gattungsmäßig *Hymnus* in doppelter
Hinsicht: auch das gesungene christliche Gebet verdankt
seinen Namen der klassischen poetischen Gattung.
Andererseits ist Goethes Gedicht als Ganzes Kontrafaktur
zur vielbemühten Paulusstelle über Glaube, Liebe, Hoffnung aus 1. Kor. 13, an das [sic] schon die dritte Sequenz
denken ließ. Auch der Paulustext ist siebenteilig gegliedert. Während als Pointe bei Paulus die Kardinaltugend
Liebe als Vollzug der Beziehung zur Gottheit in der ›Erkenntnis von Angesicht zu Angesicht‹ aufgehoben wird

(im siebten Sinnabschnitt), gipfelt das siebenstrophige Gedicht als Eschatologie der Selbst-Werdung in dem Wort ICH. Im Gegensatz zu Paulus liegt der Reifungsprozeß aber nicht in der stufenweisen Überbietung aller weltlichen Bezüge im Hinblick auf Gott, sondern – im Gegenteil – in der stufenweisen Abgrenzung, im *Abfall* von Gott mit dem Blick auf die Arbeitsfläche. Gotteserkenntnis als Gottesliebe wird zur Selbsterkenntnis als Selbstliebe.

Bei Paulus ist der Doppelsinn des Wortes ›Erkenntnis‹ als Wissens- und Zeugungsakt mitgedacht. Im erkannten Mysterium vollzieht sich eine neue Schöpfung, und der Mensch in Christo ist die ›neue Kreatur‹ (2. Kor. 5,17), ›nach Gott geschaffen‹ (Eph. 4,24). Parallel-gegenläufig dazu ermöglicht bei Goethe die prometheische Selbsterkenntnis eine neue, prometheische Menschenschöpfung. Nach seinem Bilde schafft Prometheus ein autarkes Menschengeschlecht, das sich nicht wie bei Paulus in seiner eschatologischen Vereinigung *mit*, sondern in seinem Abfall *von* der Gottheit selbst begreift.«

Marius Meller: Wo sitzt der Gott? Zu Goethes Prometheus-Hymne. In: Deutsche Vierteljahrsschrift 68 (1994), S. 189–196, hier S. 195 f. – Mit Genehmigung von Marius Meller, Berlin.

INKA MÜLDER-BACH (geb. 1953) konzentriert sich auf die Widersprüche und Aporien, die sich bei den bisherigen Deutungen immer wieder ergaben, ohne sie eindeutig auflösen zu können. Vielmehr markiert sie die Möglichkeiten poetischen Sprechens und gibt diesem die Rolle, die der Mythos vorher eingenommen habe:

»Das Gedicht entlarvt den mythologischen Bestand als metaphorische Projektion, aber es setzt ihn zugleich neu, oder vielmehr: es entlarvt ihn, indem es ihn neu, nämlich als Bestand einer poetischen Sprache setzt. Wäre es anders, könnte die Sprecherfigur nicht Prometheus heißen.

Der Konflikt zwischen kommunikativem Gestus und propositionalem Gehalt führt weder zur ›Selbstvernichtung‹ dieser Figur, noch hebt er sich als ein bloß scheinbarer selber auf, vielmehr artikuliert sich in ihm ein anderer, grundsätzlicher Konflikt, den die Hymne austrägt, indem sie die mythologische Sprache in eine poetische transformiert. Ihre singuläre Leistung besteht darin, daß sie diese Transformation nicht stillschweigend vollzieht, sondern die poetische Erbschaft der Mythologie erst im Durchgang durch eine radikale Kritik derselben antritt.«

Inka Mülder-Bach: Prometheus. In: Regine Otto / Bernd Witte: Goethe-Handbuch. Bd. 1: Gedichte (Sonderausgabe). Stuttgart/Weimar: Metzler 1996, S. 107–115, hier S. 114 f. – © 2004 J. B. Metzlersche Verlagsbuchhandlung und Carl Ernst Poeschel Verlag GmbH in Stuttgart.

[Wandrers Nachtlied]

Der du von dem Himmel bist,
Alles Leid und Schmerzen stillest,
Den, der doppelt elend ist,
Doppelt mit Erquickung füllest,
5   Ach! ich bin des Treibens müde!
Was soll all der Schmerz und Lust?
Süßer Friede!
Komm, ach komm in meine Brust!

Schriften 8 (1789), S. 151. – Witte (2001), S. 102.

[Ein gleiches]

Ueber allen Gipfeln
Ist Ruh',
In allen Wipfeln
Spürest Du
5   Kaum einen Hauch;
Die Vögelein schweigen im Walde.
Warte nur! Balde
Ruhest du auch.

Werke 1 (1815), S. 99. – Witte (2001), S. 102.

Entstehung und Erstdruck

Die beiden Gedichte sind nicht gleichzeitig entstanden, erst in der Werkausgabe 1815 wurden sie durch den gemeinsamen Druck auf einer Seite und über den Bezug der Titel aufeinander eng miteinander verknüpft.

Das erste Gedicht sandte Goethe an Frau von Stein mit der Unterschrift »Am Hang des Ettersberg d. 12. Febr. 76 G.«, das Manuskript (im Folgenden zit. als »Hs. 1776«) ist erhalten. Es stellt auch deswegen ein interessantes Zeugnis dar, weil über eine Aufschrift auf der Rückseite ein wichtiger Hinweis darauf gegeben wird, wie der Text zunächst wohl verstanden wurde. Die Mutter der Empfängerin hatte dort eine Stelle aus dem Johannes-Evangelium, »Den Frieden laße ich euch, meinen Frieden geb ich euch, nicht gebe ich euch, wie die Welt giebt. Euer Hertz erschrecke nicht, und fürchte sich nicht« (Joh. 14,27), notiert. Dass Goethe diese Assoziation nicht abwies, belegt der Erstdruck unter dem Titel »Um Friede« im *Christlichen Magazin* 3,1, das 1780 in Zürich erschien und von Johann Konrad Pfenninger (1747–1792), einem Freund Johann Caspar Lavaters, herausgegeben wurde. Der Pfarrer, Schriftsteller und Philosoph Lavater (1741–1801) hatte versucht, Moses Mendelssohn zum Christentum zu bekehren, bevor er 1774 Goethe kennenlernte. War dieser zunächst von dessen Ideen fasziniert, distanzierte er sich doch später entschieden vom Theologen. Publikationskontext und Titel legen also ein vermeintlich christliches Gebet nahe, wie es wohl auch von der Mutter Frau von Steins verstanden wurde.

Das zweite ›Nachtlied‹ entstand sehr wahrscheinlich am 6. September 1780. Es kann zumindest als gesichert gelten, dass es Goethe bei einer Übernachtung in der Jagdhütte auf dem Kickelhahn bei Ilmenau dort auf die Bretterwand schrieb. Zunächst kursierte der Text in verschiedenen Abschriften, z. B. von Goethes Freund Johann Gottfried Her-

Wandrers Nachtlied.

Der du von dem Himmel bist,

Alles Leid und Schmerzen stillest,

Den, der doppelt elend ist,

Doppelt mit Erquickung füllest,

Ach! ich bin des Treibens müde!

Was soll all der Schmerz und Lust?

Süßer Friede!

Komm, ach komm in meine Brust!

Wandrers Nachtlied in der Fassung der *Schriften*, 1789

der (1744–1803; die Variante zit. als ›Hs. 1780«), jedoch
mit Abweichungen. Da die Inschrift an der Hütte aber
schon bald ›bearbeitet‹, also von Besuchern zumindest
nachgezogen wurde, und die Hütte außerdem 1870 ab-
brannte, existiert kein gänzlich sicheres erstes Textzeugnis.
Nicht autorisiert erschien das Gedicht 1801 in der Londo-
ner Zeitschrift *The monthly magazine*. Dabei weicht diese
Variante deutlich von den anderen ab. Ebenfalls ohne Einwilligung des Autors erschien der Text 1803 in *Der Frei-
müthige*, einer von Kotzebue herausgegebenen deutschen
Zeitschrift. Goethe selbst publizierte das Gedicht erst in
seiner Werkausgabe von 1815, wo er es unter dem Titel *Ein
gleiches* auf *Wandrers Nachtlied* direkt folgen lässt, anstatt
es auf einer eigenen Seite beginnen zu lassen, wie er es mit
den anderen Gedichten handhabte.

Zeilenkommentar

Wandrers Nachtlied

1–4 *Der du … füllest:* Eigentlich ein Relativsatz, entpuppen sich die ersten vier Zeilen als Anrufung.

2 *Alles Leid … stillest:* (Hs. 1776:) »Alle Freud und Schmerzen stillest«; mit Freude und Schmerz sind zwei gegensätzliche Emotionen genannt. Dies lässt sich dahingehend lesen, dass extremes Empfinden in einen Zustand der Ruhe überführt werden soll, die Doppelung von Leid und Schmerz verweist auf die Linderung von unangenehmen Gefühlen.

6 *Was soll … Lust?:* (Hs. 1776:) »Was soll all die Quaal und Lust.« Während in der Druckfassung die Verbindung zwischen den beiden Versen 2 und 6 durch die Wiederaufnahme von »Schmerzen« in »Schmerz« enger wird, lässt der Punkt als Satzzeichen in der Handschrift die Aussage resignierter wirken, als es die deutlich gestellte Frage in der Druckversion tut.

7 *Friede:* Erst hier wird deutlich, wer vom Gedicht angesprochen wird. Die Anrede im ersten Vers richtet sich also nicht an einen himmlischen, ggf. sogar christlichen Gott, sondern an den Frieden.

8 *Komm, ach komm:* Die Wiederholung bzw. Iteration des »komm« wird durch den Ausruf »ach« (vgl. auch V. 5) noch verstärkt.

Ein gleiches

1 *Ueber allen Gipfeln:* (Hs. 1780:) »Über allen Gefilden«. Die Reihe [Berg-]»Gipfel« – [Baum-]»Wipfel« – »Vögelein« – [Mensch]/»du« in der Druckfassung führt nicht nur von oben nach unten, wie auch in Herders Abschrift, sondern beginnend beim Gestein zu den Pflanzen, Tieren und zum Menschen, was der Schöpfungsreihenfolge entspricht.

4 *Spürest:* (Hs. 1780:) »spürst du«. Das in der Druckfassung eingefügte ›e‹ gibt dem Vers zumindest drei Silben statt zwei, außerdem verbindet es sich von der Diktion her dem »Ruhest du« im letzten Vers enger.

6 *Die Vögelein … Walde:* (Hs. 1780:) »d[ie] Vögel schweig[en] im Walde«. Der Diminuitiv »Vögelein« in der Druckfassung verweist auf die leicht altertümlich gefärbte Diktion (vgl. V. 3), die dort stärker gemacht wird.

Rhythmische und metrische Besonderheiten

Wandrers Nachtlied ist mit Ausnahme des siebten Verses vierhebig jambisch gehalten, wobei die alternierenden Kadenzen über Kreuzreim verbunden sind. *Ein gleiches* hingegen lässt kaum mehr ein festes metrisches Schema erkennen, wenn auch vier Verse in umschlingendem Reim vier kreuzgereimten Versen folgen. Beide Gedichte, das spätere noch mehr als das frühere, transportieren die zu vermittelnde Stimmung vor allem durch die Wortwahl: Kleine Abweichungen vom ›normalen‹ Sprachgebrauch, die in der Lyrik generell legitimiert sind, scheinen besonders auffällig zu sein. Sei es, dass ›e‹ eingefügt wird (»spürest«, »balde«, »ruhest«), sei es, dass die Klangfarbe der Vokale zum Ende hin dunkler wird (»In« und »Ist« als Alliteration in den Versen 2 und 3 gegen »Ruhest du auch« im letzten Vers). Trotz ihrer Kürze gelingt es beiden Gedichten, den Wunsch nach Ruhe auch klanglich deutlich zu machen. Entsprechend verwundert es nicht, dass beide sehr häufig vertont worden sind, das erste Nachtlied ungefähr in 150 Versionen, das zweite sogar fast 200 Mal.

Forschungsstimmen

MAX KOMMERELL (1902–1944) erkannte in den beiden Gedichten Goethes Wendung zur Innerlichkeit und damit zu einer Art von Dichtung, die sich von der Expressivität der vorausgehenden Sturm-und-Drang-Lyrik deutlich unterscheidet:

»So kann man darüber streiten, ob die beiden Gedichte, die ›Wanderers Nachtlied‹ überschrieben sind, einen bloß inneren Moment oder schon die Andeutung einer Situation enthalten. Auch hier ist die Überschrift wichtig; sie steht ausdrücklich über dem ersten, während bei dem zweiten nur auf sie verwiesen wird; dem ersten trägt sie die Situation zu, die sonst im Gedicht nicht enthalten ist. So wird aus Gedicht und Überschrift ein inniges Ganzes. Auch dies Gedicht verweltlicht; es gibt jetzt lyrische Mythen, es gibt Gottheiten, die mit der ersten Zeile eines Liedes erstehen und mit der letzten hinweg sind und nur einmal in einem Gedicht leben. So dieser Friede! Die Anrede wird zuerst auf den Gott des allgemeinen Glaubens bezogen, bis dann, wunderbar eindringlich in der verkürzten Zeile, sich der herbeigerufene Gott des Herzens als der Friede enthüllt. Es kommt eine doppelte Bewegung des fortschreitenden Deutens in das kleine Gedicht; deuten wir doch auch, durch die Überschrift bewogen, das Vorgetragene als Nachtgefühl eines Wanderers.
Wenn Goethe die beiden Gedichte, die in ziemlichem Zeitabstand voneinander entstanden sind und deren zweites in bewegender Erinnerung auf das erste Bezug nimmt, zusammenstellt, ist dies noch kein Zyklus, aber der Ansatz zu einem solchen zeigt sich am kleinsten lyrischen Gebilde. Dem Inhalt nach erfüllt das zweite Gedicht die Bitte des ersten, das Herz verheißt sich Ruhe als ganz nah, wie sie auch komme, als Beschwichtigung oder als Tod. Das erste Gedicht erklingt irgendwann, irgendwo in einer

Nacht. Dies Irgend wird nun zum bestimmten landschaft-
lichen Augenblick. Was ihm die Bestimmtheit gibt, sind
aber nicht die ganz leisen Umrisse von Dingen, sondern
der Akt der Sprache, die hier, im Zögern der Worte – wenig Worte eine Zeile, fast jedes ein Reim – ganz eigentlich
sich selber erbildet aus dem Moment und nur in ihm at-
met. Durch das ›auch‹, das letzte Wort des Gedichtes,
wird die Landschaft in das Herz hereingenommen; alles
was ist, ist sein Ebenbild.
Vielleicht nirgends ist die neue Form des Dichtens so deutlich zu fassen, die jedenfalls in europäischer Lyrik zum ers-
tenmal auftritt. Nicht nur werden die Worte durch die Vers-
zeile, in deren Medium sich die Herzbewegung darstellt, in
ihrem Wert umgeschaffen, sondern auch die Zeilen selbst
folgen spontan dem Atem des Gefühls, und erst am Ende
sieht man die Abmessung des Gebildes, das sie darstellen.
Der Reim gibt so kurzen Zeilen einen besonderen Ausdruck
und hebt die Altertümlichkeit wie das ›balde‹ zärtlich hervor. Welches Gewicht haben zwei einsilbige Worte, wenn sie
allein eine Zeile füllen! Der Umfang ist klein, die Innerlichkeit vollkommen; die Dinge sind nicht, die Worte sind nicht,
die Seele ist alles selbst; ihre Bewegung baut sichtbar, hörbar,
das kleine Wesen aus Worten auf.«

Max Kommerell: Gedanken über Gedichte. Frankfurt a. M.: Klostermann. 1943. ⁴1985. S. 82–84. –
© Vittorio Klostermann GmbH, Frankfurt am Main
1943.

ERICH TRUNZ (1905–2001) liest die beiden Gedichte als
Artikulation des Allgemeinen, des dezidiert Menschlichen. Allerdings sieht er sie im Kontext mehrerer »Kurzgedichte«, die sich in allen Phasen von Goethes Schaffen
finden lassen:

»Eins der kleinen Gedichte aus dieser Zeit [dem ersten
Weimarer Jahrzehnt], mit dem Titel ›Wandrers Nachtlied‹

spricht die Sehnsucht nach innerem Frieden aus: ›Der du
von dem Himmel bist …‹ Es ist fast ein Aufschrei, dessen
Wortfolge das nachzeichnet, was im Innern vorgeht. Das
Wort ›Friede‹ fällt erst gegen Ende der Verse, das Ganze
ist ein einziger Satz, in welchen der Ausruf

> Ach ich bin des Treibens müde,
> Was soll all der Schmerz und Lust?

einfach eingeschoben ist. So lebt die drängende Sehnsucht
in Versklang und Satzbau ebenso wie in der wörtlichen
Aussage. [...]
Dieses Gedicht bittet um inneren Frieden, denn es ist dem
Menschen unmöglich, immer in der Spannung höchsten
Glücks und tiefsten Schmerzes zu leben, so wie es das Ge-
dicht ›Alles geben die Götter‹ aussagte. Wie aber kann es
Frieden geben? Goethe hatte in diesen ersten Weimarer
Jahren zwei Wege dazu. Der eine bestand darin, sich mit
der sittlichen Weltordnung in Übereinstimmung zu brin-
gen. Davon spricht etwa das große Gedicht ›Edel sei der
Mensch, hilfreich und gut« und das Drama ›Iphigenie‹.
Der andere Weg bestand darin, sich der Natur auszuset-
zen. Ihre Wirkung auf das Herz war ein Thema für die
kurze Lyrik.
Dem Nachtlied des Wandrers, das die Sehnsucht nach
Frieden ausspricht, antwortet ein zweites Nachtlied, das
davon spricht, wie dieser Friede in die Seele einzieht. Er
kommt aus der Natur, die still und rein angeschaut wird.
[...] In diesem Gedicht ist alles sinnenhaft wahrnehmbar.
Es gibt kein abstraktes Wort, denn das Wort ›Ruh‹ bedeutet Stille. Dadurch ist es so sehr ein Gedicht der Natur und ihrer Wirkung auf den Menschen. Es beginnt mit
Berglandschaft und Baumkronen. Der Reim ›Gipfeln –
Wipfeln‹ ist fast bewegungslos, insofern sinnbildlich.
Nach dem Worte ›ist Ruh‹ folgt eine Pause, also Stille da,
wo sie inhaltlich ausgesagt wird. Mit der Wendung ›Spü-
rest du‹ kommt der Mensch in das Bild, als ein ›spüren-

der‹, d. h. die Natur wahrnehmender. ›Kaum einen
Hauch‹ – die Stimme schwingt aus. Nach den großen Li-
nien der Berge und Bäume folgt das Kleine: ›Die Vögelein schweigen im Walde‹; nach dem Frieden für das
Auge die Ruhe für das Ohr. Der Schluß ist eine Wendung zum eigenen Innern, das in Du-Form angesprochen
wird. Auch hier ein gelassener Klang, eine Haltung, die
sich hinzugeben vermag. Die Ruhe der Landschaft geht
ein in den Wandrer, er wird selbst ein Teil von ihr, das
sinnenhaft Gespürte senkt sich in seine Seele. Die kurze
Strophe birgt viel: Berg, Luft, Pflanze und Tier, so daß
wir das Gefühl haben, daß es die ganze Natur ist, mit
welcher der Wandrer eins wird. Dieses viele erscheint in
äußerster Kürze und dennoch nicht gedrängt, sondern in
stiller Gelassenheit. Das ist die Kunst dieser Sprache. Sie
macht Pausen. Und sie bildet die Sätze einfach. Jeder dieser vier kleinen Sätze wäre in Prosa ebenso gebaut. Dadurch klingt dieses Gedicht so mühelos, so selbstverständlich, so schlicht. Der Rhythmus ist frei, doch es gibt
den Reim, dieser verbindet die Zeilen, die von der Natur
sprechen, mit denen, die vom Menschen sprechen.

In dem Gedicht ›Der du von dem Himmel bist …‹ war
der Friede ersehnt, in diesem Gedicht ist er da. Doch das
Wort ›Friede‹ kommt nicht vor – er lebt im Klang. Alle
Formelemente sind hier Symbol. Und weil die freieste
Form hier die strengste Notwendigkeit hat, ist dieses Gedicht ein Höhepunkt von Goethes lyrischen Kurzgedich-
ten, vielleicht der Höhepunkt überhaupt. Goethe hat das
Gedicht mit 31 Jahren geschrieben. Als er seine Gedichte
für den Druck zusammenstellte, 1789, 1800 und 1806,
nahm er es nicht auf. Erst 1815, als Fünfundsechzigjähri-
ger, gab er es zum Druck. Über die Ursache kann man
nur Vermutungen anstellen, denn gesagt hat er darüber
nichts. Für uns ist ›Wandrers Nachtlied‹ ein vollendet ge-
staltetes sprachliches Gebilde, das ein Naturbild und einen Seelenzustand in stiller Symbolik vereinigt. Für ihn

war es – vermutlich – ein Stück seiner selbst, ein Augenblick seines Lebens der ersten Weimarer Jahre, der ihm noch weiterwirkte, eine Aufzeichnung, die ganz nahe bei den Tagebüchern aus jener Zeit stand und bei den Briefen von Frau v. Stein, die zum privatesten, streng gehüteten Bereich gehörten.«

Erich Trunz: Goethes lyrische Kurzgedichte. 1771–1832. Gehalten als Vortrag bei der Tagung der Goethe-Gesellschaft in Weimar am 21. Mai 1964. – Erstdruck in: Goethe. Neue Folge des Jahrbuchs der Goethe-Gesellschaft 26 (1964). Wieder in: Erich Trunz: Ein Tag aus Goethes Leben. Acht Studien zu Leben und Werk. München: C. H. Beck, 1990. S. 101–138, hier S. 108–110. – © 1990 Verlag C. H. Beck, München

WULF SEGEBRECHT (geb. 1935) betrachtet nur das zweite Nachtlied und stellt es in den Kontext seiner breiten Rezeption. Dabei weist er einerseits nach, wie das Gedicht vertont, kommentiert und parodiert wurde, zeigt daneben aber auch auf, welche Deutungstendenzen bisher kaum beachtet worden sind und wie sich manche Interpretationsrichtungen verbinden lassen. Dabei geht er von einer genauen Analyse des Textes aus:

»Das Gedicht enthält auf den ersten Blick eine Reihe von gleichartigen Aussagen über ruhige Zustände in der Natur. Leicht ist man geneigt zu sagen (und oft genug wurde es gesagt), es beschreibe überhaupt nichts anderes als einen umfassenden Ruhezustand [...]. Doch wäre eine solche Aussage zu allgemein und ungenau. ›Die Natur‹ erscheint ja in deutlicher Gliederung. Der erste Satz stellt die Ruhe ›über‹ den Gipfeln fest, also oberhalb der höchsten Erhebungen einer Gebirgslandschaft, im Bereich des ›Himmels‹ oder ›Äthers‹. Hier ›ist‹ Ruhe; sie stellt sich nicht erst her, sondern ist dort vorhanden, gegeben. Anders stellt sich die Ruhe im Bereich der ›Wipfel‹ der Bäume dar,

mit denen das Gebirge unterhalb der Gipfel offenbar be-
wachsen ist: Hier ist ›kaum‹ ein ›Hauch‹ zu verspüren,
aber eben nur ›kaum‹. Die Ruhe in diesem Bereich ist
nicht von der Art, wie sie über den Gipfeln ist; sie ist ein-
geschränkter. Innerhalb der Wipfel nun, ›im Walde‹,
›schweigen‹ die Vögel; ihre ›Ruhe‹ ist eine nur vorüberge-
hende Stille lebendiger Wesen. Die Ruhe des Menschen
schließlich ist noch gar nicht vorhanden, sondern wird
sich erst in naher Zukunft einstellen.

Es werden also verschiedene Stadien der Ruhe – von der
totalen Ruhe bis zur Ruheerwartung – vorgestellt, denen
jeweils verschiedene Bereiche der ›Natur‹ zugeordnet werden. Die Bewegung verläuft von ›oben‹ nach ›unten‹, vom
Himmel abwärts über die steinige Gipfelgebirgslandschaft
zur Pflanzenwelt der Baumwipfel, von dort zur Tierwelt,
die die Vögel repräsentieren, bis hin zum Menschen. Es
läßt sich also eine differenzierte Schichtung der ›Natur‹
erkennen, eine Reihenfolge, die von oben nach unten bis
hin zum Menschen führt, und ein jeweils unterschiedli-
ches Stadium der Ruhe, in dem sich die unterschiedenen
Schichten oder Bereiche der Natur befinden. Diesen Be-
reichen wird dadurch eine feste Position zugewiesen, daß
sie einen bestimmten Platz sowohl in der Skala einnehmen, die das ›oben‹ und das ›unten‹ festlegt, als auch in
der Skala, die die Intensität und Art und Weise der ›Ruhe‹
beschreibt.

In solcher Anordnung und Zuordnung ist bereits eine
›Aussage‹ enthalten: Die ›Natur‹ (einschließlich dessen,
was über den Gipfeln ist, und des Menschen) wird als ein
geordnetes und gegliedertes Ganzes gesehen, als ein Kosmos also, der gekennzeichnet ist durch die verschiedenen
Stadien der Ruhe, in der sich die Teile befinden. Diese
Aussage ist in mehrfacher Weise auf den Menschen bezogen: Der Mensch erscheint als ein Teil der kosmischen
Natur; er wird deutlich in eine (auch naturgeschichtlich
beschreibbare) Position innerhalb dieser Natur eingewie-

sen. Er gehört dazu, ist unlösbar in diesen Kosmos eingeordnet. Allerdings ist er der vergleichsweise ›unruhigste‹
Teil der Natur, er ist der Ruhe, die von oben nach unten
wirkt, am wenigsten teilhaftig. So ist seine Position innerhalb der Natur bestimmt. Auf den Menschen bezogen ist
die Aussage über die Natur aber auch insofern, als die ge-
samte Natur von seiner Empfindung her gesehen wird:
Die Ruhe, der Hauch, die leichte Bewegung, das Schweigen, die Erwartung – das sind Empfindungen, die der
Mensch, der selbst ein Teil der Natur ist, in der Natur haben kann und die ihn betreffen: er kann sie spüren, hören,
sehen. Das bringt das Gedicht deutlich zum Ausdruck.
Die Bewegung von der äußersten Ruhe des Äthers bis hin
zur noch vorhandenen Unruhe des Menschen, die das Gedicht vorführt, ordnet also die Naturbereiche nach der Intensität ihrer ›Lebendigkeit‹ in den Kosmos ein. Der
Mensch wird deshalb in die unterste Stufe eingeordnet,
weil er zugleich der lebendigste und der unruhigste Teil
der Natur ist. Die Unruhe, die den Menschen beherrscht,
ist ihm wesenseigentümlich, sie ist die Bedingung seines
Lebens in der Natur. Das macht die Position deutlich, die
dem Menschen innerhalb der durch verschiedene Grade
der Ruheintensität charakterisierten Lebensbereiche der
Natur zugewiesen wird.
Doch zugleich mit der Darstellung einer Parallelität von
abnehmender Ruhe bei zunehmender Lebendigkeit, die
ihren Höhepunkt im Menschen findet, führt das Gedicht
die der Natur eigene Tendenz zur Ausbreitung der Ruhe
vor. Die Position des Menschen in der Ordnung der Natur ist zwar durch seinen Zustand der geringsten Ruhe bezeichnet, zugleich aber von der Erwartung einer größeren
Ruhe bestimmt, die sich von oben allmählich über alle Bereiche der Natur erstrecken wird. Diese Ausbreitung einer
zunehmenden Ruhe scheint das Gesetz der Natur zu sein,
dem sich der Mensch nicht zu entziehen vermag. Die noch
vorhandene Unruhe, durch die die jeweilige spezifische

Position der Naturbereiche innerhalb des Kosmos der Natur festgelegt wird, ist zwar die Bedingung, nicht aber die Bestimmung, nicht das Ziel alles Lebens in der Natur. Dieses Leben ist vielmehr gekennzeichnet von einer Bewegung zur Ruhe hin. Auf den Menschen bezogen, heißt das: Seine Unruhe ist zwar Beweis seiner Lebendigkeit als Naturwesen, zugleich aber auch Zeichen seiner noch nicht vollzogenen vollständigen Einheit mit der Natur und also Ausweis seiner Vorläufigkeit und Vergänglichkeit. Er kann seine Unruhe nicht durchsetzen gegen das Gesetz der Ruhe, das er selbst als solches in der Natur erkennt und unter dem er als Naturwesen angetreten ist. Seine Unruhe ist ›natürlich‹ (weil sie Bedingung seines Lebens und Grund seiner Position im Ganzen der Natur ist) und ›unnatürlich‹ zugleich (weil sie dem übergreifenden Gesetz der Natur zuwiderläuft). Der Widerspruch des Menschen besteht darin, natürlich und unnatürlich zugleich zu sein, wesentlich unruhig und ebenso wesentlich von der Sehnsucht nach Ruhe erfaßt. Die Lösung dieses Widerspruchs kann nur dadurch erfolgen, daß das Gesetz der Natur, das eine zwingende Bewegung zur Ruhe hin vorschreibt, sich auch am Menschen erfüllt.«

Segebrecht geht nach dieser textimmanenten Interpretation auf den Ort, an dem das Gedicht entstanden sein soll, die Hütte auf dem Kickelhahn bei Ilmenau, ein:

»Das Gedicht bewirkt durch die von Goethe vorbedachte Rezeptionssituation seiner Leser Zustimmung und Einverständnis und ist insofern das Zeugnis einer in Praxis umgesetzten Rhetorik. Die Einkehr des Lesers im Kickelhahn-Häuschen förderte – begünstigt durch die einsame Lage hoch über den Alltäglichkeiten – eine Besinnung auf das Dauernde im Vergänglichen. Das höfische Treiben und die bürgerliche Betriebsamkeit, die der Leser des Gedichts auf dem Kickelhahn hinter sich gelassen hat, erscheinen ihm als zwar natürliches, aber nicht als den letzten Sinn und den Kräften der Natur entsprechendes menschliches Verhalten. [...] In Ilmenau hatte ein solcher Hinweis Goethes einen konkreten Hintergrund: Die Naturauffassung, die er sich hier bildete, stand im engsten Zusammenhang mit den Bemühungen um eine Wiederbelebung des Ilmenauer Bergbaus und – damit verbunden – der geologischen Interessen, denen Goethe seither nachging.«

Goethes Naturauffassung wird als die eines »Neptunisten« beschrieben, der »alle Gesteinsarten als Erzeugnisse des Wassers« annahm und »mit entsprechend langen Entstehungszeiträumen der geologischen Gestalt der Erde« kalkulierte. Diese Auffassung sieht Segebrecht auch in Goethes Aufsatz »Über den Granit« formuliert, genauso wie sie mit Goethes Ablehnung von Revolution, also plötzlicher, drastischer und brutaler Umwälzung korrespondiere.

»Die Naturkatastrophen, die ›Revolutionen‹ in der Natur und die gewaltigen Erschütterungen durch den Vulkanismus sind zwar in der Lage, das äußere Erscheinungsbild der Natur zu verändern, doch stellen sie nur – wenn auch bisweilen verheerende – Unterbrechungen des gesetzlich notwendigen, ruhigen evolutionären Entwicklungsganges der Natur dar, was am Granit dauernd und festgegründet ablesbar ist.«

Abschließend verbindet Segebrecht das Gedicht mit der naturwissenschaftlichen und politischen Positionierung Goethes:

»Das Gedicht ist ebensowenig Teil einer naturwissenschaftlichen Theorie wie vorrevolutionäres Exempel einer antirevolutionären Stellungnahme. Aber es enthält dennoch Goethes Auffassungen über das in der Natur trotz aller Revolutionen wirkende Gesetz der Ruhe und über die spezifische, in sich widersprüchliche Position des Menschen als Naturwesen. Insofern besitzt und vermittelt das Gedicht auch einen natur- und gesellschaftswissenschaftlichen Sinn, weil es Auffassungen über diese Bereiche impliziert. Zugleich löst das Gedicht die in der Wirklichkeit unaufgelösten Widersprüche auf: Die harmonische künstlerische Gestaltung ermöglicht es dem Menschen, der sich nach Ruhe sehnt und zur Ruhe bestimmt ist, als Naturwesen aber zugleich wesentlich unruhig sein muß, sich als geschichtliches und natürliches Wesen mit seiner eigenen notwendigen Widersprüchlichkeit zu versöhnen.«

Wulf Segebrecht: J. W. Goethe ›Über allen Gipfeln ist Ruh‹. Texte, Materialien, Kommentar. München/ Wien: Hanser, 1978. S. 164–175. – © 1978 Carl Hanser Verlag, München.

[Erlkönig]

Wer reitet so spät durch Nacht und Wind?
Es ist der Vater mit seinem Kind.
Er hat den Knaben wohl in dem Arm
Er faßt ihn sicher, er hält ihn warm.

Mein Sohn, was birgst du so bang dein Gesicht? –   5
Siehst Vater du den Erlkönig nicht?
Den Erlenkönig mit Kron' und Schweif? –
Mein Sohn es ist ein Nebelstreif. –

Du liebes Kind, komm' geh' mit mir,
Gar schöne Spiele spiel' ich mit dir,   10
Manch' bunte Blumen sind an dem Strand,
Meine Mutter hat manch' gülden Gewand. –

Mein Vater, mein Vater und hörest du nicht
Was Erlenkönig mir leise verspricht? –
Sey ruhig, bleibe ruhig Kind,   15
In den dürren Blättern säuselt der Wind. –

Willst feiner Knabe du mit mir gehen?
Meine Töchter sollen dich warten schön,
Meine Töchter führen den nächtlichen Reihn
Und wiegen und tanzen und singen dich ein. –   20

Mein Vater, mein Vater und siehst du nicht dort
Erlkönigs Töchter am düstern Ort? –

Mein Sohn, mein Sohn ich seh' es genau,
Es scheinen die alten Weiden so grau. –

25 Ich liebe dich, mich reizt deine schöne Gestalt,
Und bist du nicht willig, so brauch' ich Gewalt! –
Mein Vater, mein Vater jetzt faßt er mich an!
Erlkönig hat mir ein Leids gethan.

Dem Vater grauset's, er reitet geschwind,
30 Er hält in den Armen das ächzende Kind,
Erreicht den Hof mit Müh und Noth;
In seinen Armen das Kind war tod.

Die Fischerinn ein Singspiel. Auf dem natürlichen Schauplatz zu
Tiefurth vorgestellt. 1782. Weimar 1782. [Separatdruck. Bl. 2.] –
Witte (2001), S. 124 f.

Entstehung und Erstdruck

Mit dieser Ballade beginnt Goethes Singspiel *Die Fischerin*, das am 22. Juli 1782 im Park von Tiefurt aufgeführt
wurde. Das Gedicht steht also im Kontext eines dramatischen Textes, den Goethe als Hofdichter für ein Fest der
Herzogsmutter Anna Amalia gestaltete: Dortchen ist eine
Fischerstochter und selbst mit einem Fischer verlobt. Sie
wartet auf die Rückkehr der Männer und beschäftigt sich
im Haus. Dabei singt sie diese Ballade, die auf liedhaft-
volkstümliche Weise präsentiert wird. Form und Inhalt
des Textes kommen Goethes eigenem Verständnis dieser
Textsorte recht nahe. In seiner Abhandlung *Ballade. Be-
trachtung und Auslegung* führt er aus »Die Ballade hat

Gustav Heinrich Nacke (1786–1835): Erlkönig, um 1820

etwas Mysterioses, ohne mystisch zu sein; diese letzte Eigenschaft eines Gedichts liegt im Stoff, jene in der Behandlung. Das Geheimnisvolle der Ballade entspringt aus der Vortragsweise. Der Sänger nämlich hat seinen prägnanten Gegenstand, seine Figuren, deren Taten und Bewegung so tief im Sinne, daß er nicht weiß, wie er ihn ans Tageslicht fördern will. Er bedient sich daher aller drei Grundarten der Poesie, um zunächst auszudrücken, was die Einbildungskraft erregen, den Geist beschäftigen soll« (WA I, 41.1, S. 223). Die drei angeführten Grundarten der Poesie bezeichnen hier Epik, Lyrik und Dramatik.

Das Singspiel erschien in einem von Anna Amalia finanzierten Separatdruck. Mit leichten Varianten nahm Goethe die Ballade unter dem Titel *Erlkönig* 1800 in die *Neuen Schriften* auf (im Folgenden zit. als: »NSchr. 1800«). In späteren Ausgaben wechseln die Titel der Rubrik (»Balladen und Romanzen« bzw. »Balladen«), unter die der Text eingeordnet wird; der Text selbst bleibt aber nahezu unbearbeitet. Durchgängig werden mit der Aufnahme in die *Neuen Schriften* die Reden des Erlkönigs mit Anführungszeichen markiert, so dass der jeweilige Sprecher deutlicher ersichtlich ist. Im mündlichen Vortrag ließe sich ein Sprecherwechsel über einen Wechsel in der Stimmfärbung anzeigen, um den Zuhörern Orientierung zu bieten. Die Anführungszeichen geben dem Leser eine Hilfestellung. Wie die meisten seiner Balladen inspirierte auch *Erlkönig* von seinem Erscheinen an Illustratoren und Maler zu Bildern. Doch Goethe blieb skeptisch, ob ein Bild die dramatische Situation einer Ballade einfangen könnte – obwohl er selbst begeistert zeichnete. So schätzte er den Dresdner Maler Gustav Heinrich Nacke (1786–1835) und lobte dessen Illustrationen zu *Faust* und *Wilhelm Meisters Lehrjahre*, behielt sich aber vor, seine Balladen lieber ohne Illustrationen publiziert zu sehen.

Zeilenkommentar

[Titel] *Erlkönig:* Der Titel wird dem Gedicht erst in den *Schriften* von 1789 beigefügt; im Kontext des Liedvortrags durch eine Bühnenfigur verlöre er seine Funktion, da er dem Publikum nicht ohne einen Bruch der Fiktion mitgeteilt werden könnte. Die Titelfigur geht auf einen Übersetzungsfehler Herders zurück, denn dieser hatte eine dänische Volksballade mit *Erlkönigs Tochter* übersetzt, die vom »ellerkonge«, also dem Elfenkönig handelt. Herder jedoch bezog »eller« auf eine alte Bezeichnung für »Erle«: So wurde der Elfenkönig zum Erl(-en-)könig.

5/8/23 *mein Sohn:* anaphorische Reihungen, um die Gleichmäßigkeit und Unausweichlichkeit (vgl. auch entsprechend V. 13 u. ö. »mein Vater«) sowie das Entsetzen des Vaters zu unterstreichen.

12/18/25 *Mutter ... Töchter ... ich:* In seinen Lockungen baut der Erlkönig eine Reihe auf, die von seiner Mutter über seine Töchter auf sich selbst weist. Das eigentliche Begehren wird also erst dann deutlich verbalisiert, als weder der Verweis auf die kindliche Welt (Spiel, Sammellust, Verkleidung) im geschützten Umfeld der Mutter noch der schon sexuell konnotierte auf seine Töchter Wirkung zeigt.

15 *Kind:* (NSchr. 1800:) »mein Kind«; das eingefügte Possessivpronomen betont den Besitzanspruch, mit dem der Vater seinen Sohn auch in seiner Wahrnehmungsweise leiten und schützen möchte. Rhythmisch kommt die unbetonte Silbe dem Vorsatz entgegen, beruhigend zu wirken.

31 *Müh:* (NSchr. 1800:) »Mühe«.

Metrische und rhythmische Besonderheiten

Die Ballade besteht aus acht vierzeiligen Strophen, deren männliche, also auf einer Betonung endende Kadenzen durch einen Paarreim verbunden sind. Damit scheint eine relativ konventionelle Form vorzuliegen, die den Ton der Volkspoesie nachahmt. Allerdings erweist sich das Metrum als komplex, da ein jambischer Rhythmus immer wieder mit Daktylen gefüllt wird. Einerseits wird damit sicher der Rhythmus des galoppierenden Pferdes dem Sprechen unterlegt, werden doch zumindest zwei der vier Sprechenden von diesem getragen (vgl. Staiger, Bd. 1, 1952, S. 344.). Andererseits hat Alexander von Bormann nachgewiesen, dass Goethe diese Mischung der beiden Metren von Herders Ballade *Erlkönigs Tochter* übernommen hat. Dort markiert der Daktylus den Tanz, den der Verführte mit dem Wesen aus dem Geisterreich tanzen soll. Zwar wird auch im *Erlkönig* mit Tanz gelockt (vgl. V. 19 f.), doch werden die Rhythmen schon vorher miteinander kombiniert. Sie transportieren damit einerseits die ständige Dynamisierung, nicht nur des nächtlichen Ritts, sondern auch der Diktion, die der wachsenden Bedrohung und der gesteigerten Werbung bis zur Anwendung von Gewalt entspricht. Insofern repräsentiert schon die Form, die auf den ersten Blick scheinbar regelmäßig wirkt, das Grundmotiv zweier Gegensätze, die aufeinandertreffen. Zwar kann nicht dem Vater das eine, dem Erlkönig das andere Versmaß zugerechnet werden, zumal die Reden von Sprecherinstanz und Sohn ja auch in diesen Metren gestaltet werden, doch bieten die wechselnden Metren die Möglichkeit, über Zäsuren und Betonungen die in den Worten semantisch gestalteten Emotionen auch klanglich umzusetzen (vgl. V. 15 f. oder 21 f.).

Forschungsstimmen

Die verschiedenen Wahrnehmungen von Vater und Sohn sind in vielen Interpretationen thematisiert. WINFRIED FREUND (geb. 1938) geht in seiner Deutung davon aus, dass der Knabe am Ende des Textes stirbt, und liest dies als deutliches Merkmal für eine Distanzierung von dieser Figur. Er vertritt eine vergleichsweise radikale Position, indem er die Ballade als deutliche Abkehr Goethes von Positionen des Sturm und Drang sieht:

»Das gespenstische Treiben und Locken des Erlkönigs erscheint entweder in den deutenden Hinweisen des Kindes oder in wörtlicher Rede, wobei im letzten Fall offenbar zwei Deutungen möglich sind: einmal die phantastische des Kindes und zum anderen die realistische des Vaters, der den Wind für die Geräusche verantwortlich macht, in denen das Kind die Worte des Erlkönigs zu vernehmen meint. Auf jeden Fall hört der Vater, der im Unterschied zum exaltierten Kind ruhig und gelassen erscheint, den Erlkönig nicht, so daß es naheliegt, sowohl auf visueller als auch auf auditiver Ebene von Halluzinationen auf der Seite des Kindes zu sprechen. Das Grausen des Vaters, von dem in der letzten Strophe die Rede ist, dürfte dabei der gesteigerte Ausdruck der Sorge um den Sohn sein, auf dessen höchst bedenklichen Zustand unmittelbar darauf verwiesen wird. Der moderne Balladenautor distanziert sich im Unterschied zur naiv-gläubigen Darstellung in der älteren Volksballade durch eine im ganzen objektivierte Darbietungsweise von dem Faktum der übersinnlichen Wahrnehmung und relativiert es dadurch. Dies gilt insbesondere für die visuellen Halluzinationen, die durch den zeitlichen Hintergrund der Nacht einigermaßen plausibel gemacht werden. Die Erscheinung des Erlkönigs mit Krone und Schweif, offenbar eine Märchen- und Sagenreminiszenz des Kindes, deutet der Vater als Nebelstreifen.«

Freund bezieht das Gedicht dann auf kultur- und literaturgeschichtliche Zusammenhänge.

»Man geht wohl nicht fehl, wenn man in dem tragisch untergehenden Kind die junge Literatengeneration abgebildet sieht. Besonders Reinhold Michael Lenz [1751–1792; Dichter im Straßburger Kreis um Goethe und Herder] war für Goethe ein abschreckendes Beispiel. Die Verfallenheit an die wild wuchernde Einbildungskraft teilt er mit dem Kind in der Ballade. [...] Nicht nur entwicklungspsychologisch also, sondern auch allgemein geistesgeschichtlich läßt sich das Kind als Repräsentant einer Entwicklungsstufe auffassen, die des gesetz- und formgebenden Regulativs der Wirklichkeit bedarf, um nicht ins Chaotische und Anarchische abzugleiten und darin umzukommen, was ja bei Lenz tatsächlich der Fall war. Für das Kind ist die Welt wie für die Vertreter der Geniezeit etwas in letzter Konsequenz Unbegreifliches und Geheimnisvolles. Verlorensein und Verlassenheit beherrschen das Bewußtsein.

Die rationalisierte Verwaltung, der reglementierende Beamtenstaat und der aufklärerische Reformgeist, der die Wirklichkeit in den Griff zu bekommen trachtete, bildeten den einen Ursachenkomplex für das Aufbegehren der jungen Generation, die gegen die friderizianische [die Zeit Friedrichs II., 1712–1786, betreffende] Ordnungsplanung die Willkür ihrer Phantasie setzte. In der zunehmenden Disziplinierung sah man eine Gefahr für das naturgemäße organische Wachstum, für eine progressive Entwicklung überhaupt. Symptomatisch wie für jede Art revolutionärer Gegenbewegung war es aber, daß das Pendel auch hier in die extrem entgegengesetzte Richtung ausschlug, indem gegen die Ordnung der Vernunft die Anarchie des Gefühls und gegen die Transparenz der Lebensbedingungen ein wachsender Obskurantismus [Aufklärungsfeindlichkeit] gesetzt wurde. Allerdings – und darin kommt die an-

dere Ursache zum Tragen – trifft diese Entwicklung strenggenommen nur für das mittlere Bürgertum zu. [...]
Angesichts der desolaten wirtschaftlichen Zustände, die das Bewußtsein des Verlorenseins und der Verlassenheit hinreichend erklären, lag insbesondere für das gebildete mittlere Bürgertum nahe, sein Heil in einem ausschweifenden Gefühls- und Leidenskult zu suchen. Der aufklärerische Optimismus, der zunächst allen das Glück verheißen hatte, wich einem tragischen Untergangspathos.
In dem wirtschaftsgeschichtlich bereiteten Boden hat die im Geiste der Volksballade neu poetisierte Kunstballade ihre Wurzeln. Tragisch zugespitzt, erscheinen im Kind der Ballade die durch die wirtschaftliche Situation heraufbeschworenen verinnerlichten Konflikte. Im Leiden und Untergang des Kindes spiegelt sich das tragische Lebensgefühl der jungen Generation aus der Mittelschicht. Aber dies ist nur die eine Seite der dialogisch strukturierten Ballade. Im Vergleich mit seinem Sohn ist der Vater nicht einfach der Aufklärer, sondern derjenige, der, indem er die einzelnen Erscheinungen benennt, die von der Natur gezogenen Grenzen respektiert. Dieser realistischen Erkenntnishaltung steht die phantastische des Kindes gegenüber, das die eigenen Vorstellungen der Erscheinungswelt überordnet. [...]
Nicht zufällig gestaltet Goethe die phantastische Motivik der Ballade, distanziert durch das Medium des Kindes, eben um eine solche Erkenntnishaltung als unreif und unmündig zu entlarven. Die pathologische Störung und Zerstörung des Realitätsbezugs muß dem unentwegt halluzinierenden Subjekt notwendig die Existenzbasis entziehen. Nichts anderes kommt in dem Tod des Kindes zum Ausdruck. Goethe distanziert sich auch in der Erlkönig-Ballade von der Geniezeit, indem er in der Vaterfigur einen überlegenen Menschen darstellt, der geistig und altersmäßig noch in die Zeit der Aufklärung zurückweist, ohne in ihr aufzugehen. Obwohl gleichaltrig mit den meisten Re-

präsentanten der Geniezeit, läßt Goethe in seiner Auto-
biographie immer wieder durchblicken, wieviel er vom
Geist der Aufklärung selbst in sich aufgenommen hat. Die
Ballade vom Erlkönig läßt sich als der didaktische Versuch
deuten, das Bürgertum im Medium der Volksballade vom
Irrealismus und Obskurantismus zu befreien und es davor
zu bewahren.«

Winfried Freund: Die deutsche Ballade. Theorie,
Analysen, Didaktik. Paderborn: Schöningh, 1978.
S. 28–34 (zum *Erlkönig*), hier S. 29–33. – Mit Geneh-
migung von Winfried Freund, Hövelhof.

GERT UEDING (geb. 1942) hingegen bezieht bei seiner
Deutung sowohl den Kontext des Singspiels mit ein als
auch intertextuelle Bezüge zu anderen Werken Goethes.
Auf diese Weise entwickelt er ein differenziertes Bild von
Naturkräften und dem Wunsch des Menschen, diese un-
terwerfen zu können:

»Sie [die Ballade] eröffnet wie gesagt das Singspiel *Die
Fischerin;* Dortchen, die auf die Heimkehr ihres Vaters
und ihres Bräutigams wartet, singt es während ihrer Arbeit im Hause und am Herd. [...] Dortchen ist ungehal-
ten, daß ihr Vater und Niklas, der Bräutigam, von ihrem
Fischzuge immer noch nicht zurückgekehrt sind, und
mutmaßt, daß sie sich bei einem Schwatz, einem Pfeif-
chen und möglicherweise auch einem Trunk im Wirts-
haus wie manchesmal sonst verspätet haben. Um die Säumigen zu bestrafen, fingiert sie einen Unfall, den Sturz in
den Fluß beim Wasserholen, und versteckt sich. Die beiden Fischer kommen mit einem überreichen Fang [...].
Tatsächlich werden sie Opfer der Täuschung, alarmieren
alle Nachbarn, die mit Fackeln und Feuerschein die Suche nach der vermeintlich verunglückten Fischerin beginnen. [...] Dortchen meldet sich schließlich und macht
dem grausamen Spiel ein Ende. Vergebung soll sie nur er-
langen, wenn sie ihre Einwilligung zur morgigen Hoch-

zeit gibt – allein, die Braut will nicht, und selbst als ihr das Einverständnis endlich abgerungen ist, sträubt sie sich noch, singt zwei Lieder, die ihre sehr ambivalenten Gefühle ausdrücken, und sagt offen: ›So muß und soll es denn sein, was ich so lange wünschte und fürchtete‹ [...]. Zieht man alle operettenhaften Motivationen und Requisiten ab, so bleibt eine durchaus zweideutige Handlung übrig, die gewiß nicht schlecht zum *Erlkönig* und seiner Sphäre passen will.«

Der Bezug auf den Sturm und Drang ist besonders interessant:

»Die Szenerie ist nächtlich und der Ritt durch die Nacht, worauf manche Interpreten hinweisen, ohne das näher zu erläutern, ›ein Leitmotiv der Epoche des Sturm und Drang‹ [Staiger, *Goethe*, Bd. 1, 1952, S. 344], die gerade zu Ende geht, als Goethe das Gedicht schreibt.
[...] Der Ritt durch eine dunkle, feindliche Welt, die Begegnung mit gefährlichen, dämonischen Mächten, schließlich die Heimkunft, die Stationen sind noch deutlich erkennbar, doch was zwischen ihnen geschieht, hat nicht mehr viel Ähnlichkeit mit dem üblichen Muster der Abenteuer- und Initiationsreise. Der Weg der Prüfungen endet in einem Desaster, die Begegnung mit den Fabelwesen der Natur bringt Tod und Verderben, das Ziel wird nur mit Müh und Not und durchaus verlustreich erlangt. Fast scheint es, als fände hier geradezu eine Umkehr des sonst auch in Goethes Werk vorherrschenden Sinnes statt, mit dem, denken wir an Faust oder Wilhelm Meister, der Bildungsweg des Individuums und seine Begegnung mit den Naturmächten versehen wird.«

Ueding betrachtet im Anschluss die einzelnen Teile des im Gedicht dargestellten Gesprächs genauer. Es geht ihm nicht darum, einer der Figuren ›Recht zu geben‹; ihn interessieren vielmehr die verschiedenen Blickwinkel, aus denen heraus die Personen agieren.

»Nach einer Erzählerstrophe am Anfang, die die Situation beschreibt, folgt in der zweiten Strophe der Dialog zwischen Vater und Sohn, der ihre unterschiedliche Erfahrung der äußeren Natur gegeneinanderstellt; von der dritten bis zur sechsten Strophe lösen sich die Verführungsreden des Erlkönigs und der Vater-Sohn-Dialog strophenweise ab, bis beide Redesphären in einer, der vorletzten Strophe, ehe der Erzähler das Gedicht abschließt, zusammengeführt werden und dieser Zusammenstoß auch zugleich die Krise bringt. [...] alle drei Figuren sind allemal poetische Wesen, sie sind Kunstfiguren, als solche verweisen sie zwar auf verschiedene Sphären, die sich offenbar im Gespräch nur teilweise überschneiden (Schnittpunkt ist der Sohn), ästhetisch aber gehören sie einer gemeinsamen Wirklichkeit an. Sie stehen als poetische Chiffren verschiedener Welt- und Naturbeziehungen, die in einer entscheidenden Phase in Konflikt miteinander geraten: diesen Konflikt schildert das Gedicht als Gefahrensituation eines nächtlichen Ritts.
[...] Betrachtet man das Gespräch zwischen Vater und Sohn als die Konfrontation zweier Naturansichten, einer qualitativen, subjekthaften, sich in anschaulichen Gestalten herausbildenden Natur und einer quantitativen, funktionalisierten, pragmatischen Natur, so kann keine Unsicherheit darüber bestehen, wer zuletzt recht behält. Den rationalistischen Argumenten des Vaters vermag das Kind, vermag die kindliche Anschauung nur in mythologischen Bildern zu antworten, doch ist die ganze Existenz des Knaben davon erfaßt, und zuletzt steht er für seine Sicht der Dinge mit dem Leben ein. Wenn der Vater den Hof, den sicheren Hort des zivilisierten Lebens und gleichsam Stammhaus der instrumentellen Vernunft nur ›mit Mühe und Not‹ (31) erreicht, so ist damit, auch unabhängig von

der Entdeckung des toten Kindes, dem die väterliche Ver-
ständigung nicht zu helfen vermochte, die geringe Tragfä-
higkeit der eigenen Position erwiesen, die durch den letzten Schrei des Kindes ›Erlkönig hat mir ein Leids getan!‹
(28) schon genug erschüttert war: ›Dem Vater grauset's, er
reitet geschwind ...‹ (29). Die Natur, die das Kind sieht,
erlebt, erleidet, ist die wahre, lebendige Natur [...]. Die
Naturansicht des Vaters aber entpuppt sich als bloße ra-
tionalistische Konstruktion, als verständiger Schein und
vernünftige Täuschung.«

Ein Vergleich zu Goethes Faust und anderen goetheschen
Werken soll helfen:

»Zu Beginn des Faust-Dramas hat Goethe auf besonders
spektakuläre Weise denselben Gegensatz zwischen schöp-
ferischer, unendlicher Natur und ihren bloßen Derivaten
in Szene gesetzt, und zwar durchaus schon in jener frag-
mentarischen Fassung [*Urfaust* bzw. »Faust. Frühere Fassung«], die er 1775 nach Weimar mitbrachte [...]. Freilich
ist die Situation hier in der Ballade anders als im Drama,
nicht der Knabe hat gerufen, sondern umgekehrt beschwört der Geist ihn: ›Du liebes Kind, komm, geh mit
mir!‹ (9). Dann, schon deutlicher: ›Willst, feiner Knabe, du
mit mir gehen?‹ (17). Schließlich überwältigend: ›Ich liebe
dich, mich reizt deine schöne Gestalt; / Und bist du nicht
willig, so brauch' ich Gewalt‹ (25). Die Begegnung von
Mensch und Natur als Verführungsszene gehört zum
Genre [...]. Die Natur erscheint dem Knaben subjekthaft,
und es geht von ihr eine mächtige, unwiderstehliche Ver-
führung aus, der er auch schließlich durch Überwältigung
erliegt, anderer Erklärung bedarf es nicht. Denn die Lo-
ckung selbst zielt auf Wiedervereinigung mit der Natur,
und was daran beben macht, ist nun gewiß nicht der ver-
botene sexuelle Anschlag, sondern die Auflösung in die
unendliche Natur, und das ist der Tod.

Ernst Bloch hat das Naturbild in Goethes Ballade als ›unbegreiflich heimliche Todeslandschaft‹ [E. Bloch, *Das Prinzip Hoffnung*, Frankfurt a. M. 1959, S. 1354] beschrieben [...], in die es den Jungen hineinzieht; zuletzt übrigens auch den Vater, nur gelingt es ihm schließlich noch, sich zu entziehen. Der Tod als Vermählung mit der Natur, eine Versuchung trotz des Gewaltakts, der den Einstieg ins Unendliche möglich macht. Todessehnsucht in allem Grauen, die Krankheit Werthers [d. i. seine Melancholie] erscheint hier noch einmal in die Gestalten der Volksphantasie gekleidet. Auch in dieser Bedeutung paßt die Ballade gut als Ouvertüre des Singspiels von der Fischerin: warnend, drohend und verführerisch zugleich erscheint in ihr der Enstfall von dem, was Dortchen, leichtsinnig ihrem eigenen, geheimen elbischen Wesen nachgebend und vielleicht aus Furcht vor der ihr bevorstehenden endgültigen Domestizierung in der Ehe mit Niklas, als verantwortungsloses Spiel veranstaltet. Sie begibt sich bei Nacht ans einsame Ufer, wo Erlen stehen und Nebel steigen; welch ein Wagnis dieser Scherz in Wahrheit bedeute, ist ihr auch hinterher nicht ganz bewußt geworden, sondern nur undeutlich im Liede vorweg erschienen: die, um es nochmals zu sagen, heimliche Lust an der Vermählung anderer Art.«

Gert Ueding: Vermählung mit der Natur. Zu Goethes *Erlkönig*. In: Gunter E. Grimm (Hrsg.): Gedichte und Interpretationen. Deutsche Balladen. Stuttgart: Reclam, 1988. S. 93–107, hier S. 95–105.

ROBERT STOCKHAMMER (geb. 1960) sieht die Ballade als Textsorte, die wie der Schauerroman auf die radikalen Änderungen in den Familienstrukturen im 18. Jahrhundert verweist:

»Die Rede vom ›naturmagischen‹ Bereich, der von mehreren Balladen Goethes berührt werde, ist eine vornehme Umschreibung für den so offensichtlichen wie ungern

ausgesprochenen Sachverhalt, daß die Gattung während
ihrer ersten Hochblüte (dem letzten Drittel des 18. Jahrhunderts) eine große Nähe zum gleichzeitigen Schauerroman aufweist.[1] Gottfried August Bürgers *Lenore*, Goethes
»vampyrisches Gedicht.«[2] *Die Braut von Korinth* oder
Samuel Taylor Coleridges *Christabel* sind die berühmtes-
ten Beispiele dafür, daß sich Erzählungen von Untoten
nicht nur zu dicken *gothic novels*, sondern auch zu me-
trisch gebundenen Gebilden mittleren Umfangs organi-
sieren. Werden heute diese der E-, jene der U-Literatur
zugeordnet, so entstanden beide doch in enger Wechsel-
wirkung: Englische Übersetzungen der *Lenore* inspirieren
die *gothic novels*, zu deren Rezensenten Coleridge gehörte.[3] *Erlkönig*, obwohl er nicht von einem Untoten, sondern von einem unerklärlichen plötzlichen Kindstod erzählt, teilt vom ersten Vers an mit den Schauerromanen
den Schauplatz (Nacht und Wind, vielleicht Nebelstreife,
ein düsterer Ort), die Fortbewegungsform (ein sich be-
schleunigender Ritt), die Gestalt des katastrophischen
Moments (Einbruch einer rätselhaften ›Gewalt‹) und die
forcierten Gesten des Schreckens (›Dem Vater grauset's‹,
das Kind birgt bang sein Gesicht und ächzt schließlich).
In Schauerromanen wie in Balladen entstehen Untote aus
Störungen der Kleinfamilie. Die Väter von Lenore und der
›Braut von Korinth‹ sind bemerkenswert abwesend, die
allen Arten von Gespenstererscheinungen gegenüber an-
fällige Emily St. Aubert (die Heldin von Ann Radcliffes
vielgelesenem Schauerroman *The Mysteries of Udolpho*)

1 Alewyn, der gleichermaßen auf den *Erlkönig* wie auf Ann Radcliffes *The
   Mysteries of Udolpho* rekurriert, setzt diesen Zusammenhang immerhin im-
   plizit voraus.
2 Vgl. Goethes Tagebuch, Einträge vom 4. und 5. Juni 1797; zit. bei Trunz,
   HA 1, S. 662 f.
3 Vgl. Samuel Taylor Coleridge, »Review of A. Radcliffe, *The Mysteries of
   Udolpho*« [zuert 1794] und »Review of M. G. Lewis, Monk« [zuerst 1797],
   beide in: *Coleridge's Miscellaneous Criticism*, ed. T. M. Raysor, London
   1936, S 355–370 und 370–378.

ist gar Vollwaise, die Mutter Christabels stab bei deren Geburt. Auch der unerklärliche Tod des Kindes im *Erlkönig*, das offenbar keine Geschwister hat (›der Vater mit *seinem* Kind‹, Hervorhebung R. St.), erfolgt in Abwesenheit der Mutter. [...] Entsprechend schwer ist das Alter des Kindes zu bestimmen. Zu vielfältig sind die Spielarten des ihm unterstellten oder auf es gerichteten Begehrens. Eindeutig ist nur, daß die erotischen Konnotationen zunehmen, von der vielleicht noch ganz unschuldigen Versprechung ›schöner Spiele‹ (10) über die ambivalente Kombination eines nächtlichen Reigens mit Wiegebewegungen (19f.) bis hin zur unverblümten Anmache und Drohung des Kinderschänders (25f.). ›Faßt‹ der Erlkönig schließlich das Kind ›an‹ (27), das der Vater bis dahin sicher ›faßt‹ (4), so nimmt er als perverses Komplement des Vaters dessen Stelle ein. Nicht umsonst erscheint der Vater, dem es ›grauset‹ und der den Hof nur ›mit Müh' und Not‹ erreicht, selbst gefährdet.

Wenn Dichtung um 1800 von den Neuordnungen der Familienstrukturen erzählt, gibt sie auch ihr eigenes Entstehen aus ihnen zu erkennen. In der Goethezeit lehren Mütter ihre Kinder das Sprechen, damit Dichter aus ihnen werden.[4] Väter installieren, als Beamte, dieses System und garantieren seinen Bestand, müssen aber die Familienmitte den Müttern überlassen.[5] Da sie selbst noch nicht zu Dichtern erzogen wurden, werden ihnen die eigenen Kinder fremd und sie ihnen. Schauerromane und Balladen, welche die deutsche Klassik und die europäischen Romantiken begleiten, erzählen von den Unordnungen, die mit den Neuordnungen der Familienstrukturen einhergehen. Im *Erlkönig* nehmen solche Neu- und Unterordnungen das Formprinzip des Stimmengewirrs an. Die ›mysteriose Behandlung‹ inszeniert nicht nur die Solidargemeinschaft

4 Vgl. Friedrich Kittler, *Aufschreibesysteme 1800 · 1900*, München 1985, S. 31–75

5 Vgl. Friedrich Kittler, *Dichter · Mutter · Kind*, München 1991, insb. S. 15.

von Dichter, ›feinfühliger Frau‹ und Kind (die Trunz ver-
klärt und deren Ermöglichungsbedingungen Kittler analy-
siert hat), sondern auch ihre Kehrseite: der Sohn ver-
nimmt die Stimme der Dichtung, die seine abwesende
Mutter ihn zu vernehmen gelehrt hat, die der anwesende
Vater jedoch nicht vernehmen kann oder will. Der dich-
tende Erlkönig oder grausenerregende Dichter nutzt den
Dissens im Umgang mit interferierenden Stimmen, um
den Vater von seiner Stelle zu verdrängen. ›Umfaßte‹ der
Vater in der zweiten Strophe mit seinen Worten die des
Sohnes, blieb ihm in der vierten und sechsten immerhin
noch Raum für beschwichtigende Antworten, so ›fassen‹
in der siebten die Stimmen von Erlkönig und Kind anei-
nander ›an‹ und bringen den Vater zum Verstummen. Das
Ergebnis ist unübersehbar: ›Dem Aufschreibesystem von
1800 liegen Leichen zu Grunde‹.[6] Gemeint sind in diesem
Zitat die aus biographischen Quellen erschließbaren Leichen der Frauen, die sich dem neuen Familialsystem nicht
fügen. Schauerromane und Balladen erzählen von Leichen,
die im literarischen Text und im System anfallen. Hier ist
es – mit der eigenwilligen, nicht vom Versmaß erzwunge-
nen Inversion des Schlußverses – ›In seinen Armen das
Kind‹.«

> Robert Stockhammer: *Erlkönig*. Dichter – Vater –
> Kind. In: Bernd Witte (Hrsg.): Interpretationen. Ge-
> dichte von Johann Wolfgang Goethe. Stuttgart: Re-
> clam, 1998. S. 96–108, hier S. 103–106.

6 Kittler, *Aufschreibesysteme* (s. Anm. 4), S. 179.

[Mignon]

Kennst du das Land? wo die Citronen blühn,
Im dunkeln Laub die Gold-Orangen glühn,
Ein sanfter Wind vom blauen Himmel weht,
Die Myrthe still und hoch der Lorbeer steht.
5   Kennst du es wohl?
        Dahin! Dahin!
Mögt ich mit dir, o mein Geliebter, ziehn.

Kennst du das Haus? auf Säulen ruht sein Dach,
Es glänzt der Saal, es schimmert das Gemach,
10   Und Marmorbilder stehn und sehn mich an:
Was hat man dir, du armes Kind, gethan?
Kennst du es wohl?
        Dahin! Dahin!
Mögt ich mit dir, o mein Beschützer, ziehn.

15   Kennst du den Berg und seinen Wolkensteg?
Das Maulthier sucht im Nebel seinen Weg,
In Höhlen wohnt der Drachen alte Brut,
Es stürzt der Fels und über ihn die Fluth.
Kennst du ihn wohl?
20   Dahin! Dahin!
Geht unser Weg! o Vater, laß uns ziehn!

Wilhelm Meisters Lehrjahre. Bd. 2. Berlin 1795. S. 7 f. – Witte (2001),
S. 126 f.

Entstehung und Erstdruck

Das Gedicht entstand 1782/83 im Kontext von Goethes Arbeit am *Wilhelm Meister*. Während es in *Wilhelm Meisters theatralischer Sendung*, also der voritalienischen, von Goethe zunächst nicht publizierten Version (im Folgenden zit. als: »Hs. WM 1783«), das vierte Buch eröffnen sollte, findet sich der Text in *Wilhelm Meisters Lehrjahren* am Anfang des dritten Buches, in dessen Rahmen er 1795 veröffentlicht wurde. In der Romanfiktion wird er von Mignon gesungen und von Wilhelm in der vorliegenden Form übersetzt. Doch wird dem Leser zunächst unvermittelt der Text präsentiert und die Erklärung erst später nachgeliefert. Dort heißt es:

»Nach Verlauf einiger Stunden hörte Wilhelm Musik vor seiner Türe. Er glaubte anfänglich, der Harfenspieler sei schon wieder zugegen; allein er unterschied bald die Töne einer Zither, und die Stimme, welche zu singen anfing, war Mignons Stimme. Wilhelm öffnete die Türe, das Kind trat herein und sang das Lied, das wir soeben aufgezeichnet haben.
Melodie und Ausdruck gefielen unserem Freunde besonders, ob er gleich die Worte nicht alle verstehen konnte. Er ließ sich die Strophen wiederholen und erklären, schrieb sie auf und übersetzte sie ins Deutsche. Aber die Originalität der Wendungen konnte er nur von ferne nachahmen. Die kindliche Unschuld des Ausdrucks verschwand, indem die gebrochene Sprache übereinstimmend und das Unzusammenhängende verbunden ward. Auch konnte der Reiz der Melodie mit nichts verglichen werden.« (*Wilhelm Meisters Lehrjahre*, hrsg. von Ehrhard Bahr, Stuttgart 1982, S. 148 f.)

Goethe nahm den Text nochmals als Gedicht 1815 in seine Werksammlung auf, wo es die Rubrik »Balladen« eröffnet und nicht unter den Gedichten »Aus Wilhelm Meister« zu finden ist. Diese Zuordnung wurde auch in der Ausgabe letzter Hand beibehalten.

Zeilenkommentar

[Titel] *Mignon:* Der Titel findet sich erst 1815, im Roman fehlt er, da er auf die fiktive Sängerin verweist, eine Tatsache, die im *Wilhelm Meister* auserzählt wird.

1/5/7/11/13/17 *Kennst du ...:* anaphorische Reihung des Strophenbeginns.

1f. *Citronen blühn ... Gold-Orangen glühn:* Die Bäume blühen und tragen gleichzeitig Früchte: Schon hier deutet sich eine quasi-mythische Zeitaufhebung an.

2 *Im dunkeln Laub:* (Hs. WM 1783:) »Im grünen Laub«; das Farbadjektiv erscheint realistischer. Demgegenüber kontrastiert die Glut der Frucht stärker mit der Dunkelheit des Laubs.

4 *hoch der Lorbeer:* (Hs. WM 1783:) »froh der Lorbeer«; die paradiesische Stimmung erscheint stärker, wenn der Pflanze, die traditionell Apoll zugeordnet wird, wie die Myrthe der Aphrodite, mit einer positiven Emotion versehen wird. Der Chiasmus »Myrthe still und hoch der Lorbeer« verstärkt den Eindruck.

5/11/17 *Dahin! Dahin!:* Die deiktische, hinweisende Interjektion unterstreicht die emotionale Beteiligung (mit der Betonung »Dáhin«) gegen den Sprechakzent.

6/12/18 *Geliebter/Beschützer/Vater:* (Hs. WM 1783:) »Gebieter«. Statt mit der rätselhaft gesteigerten Reihe in den *Lehrjahren* wird das Gegenüber in allen drei Strophen gleich angesprochen.

8 *Haus ... Säulen:* Die angedeutete Beschreibung der Architektur verweist auf den Baustil Andrea Palladios

(1508–1580), den Goethe in Italien eingehend studiert hat, vorher aber bereits kannte. Ob ein bestimmtes Gebäude, etwa eine Villa in Vincenza, gemeint ist, konnte bisher nicht eindeutig aufgelöst werden. Die Inversion der »Säulen« (statt »sein Dach ruht auf Säulen«) unterstreicht ihre Wichtigkeit als tragende Elemente des Hauses.

13 *Berg:* Der schwierige und gefahrvolle Weg über die Alpen wird evoziert, wobei es sich wohl bei dem konkreten Bild um einen Wasserfall über einen steil abfallenden Felsen handelt.

Metrische und rhythmische Besonderheiten

Schon im Kontext des Romans wird das Gedicht als Text eines Liedes präsentiert, wenn auch bereits in der Fiktion auf Übersetzung und formale Überarbeitung hingewiesen wird. Tatsächlich sind auch in der Realität viele Komponisten der Vorlage gefolgt und haben es vertont. Die drei gleich gebauten Strophen mit der deutlichen Appell-Struktur jeweils am Ende, die zudem jeweils mit der Wiederholung des Frageworts vom Stropheanfang eingeleitet wird (»Kennst du …?«) und so an einen Refrain erinnert, weisen direkt auf eine Liedform. Der dreifache Einsatz mit der Frage nach Kenntnis, bevor der jeweilige ›Gegenstand‹ beschrieben wird, und die Wendung an das Gegenüber verleihen dem Gedicht aber eine durchaus dramatische Wirkung, die auch für Goethes Zuordnung des Textes zu den Balladen in der Werkausgabe eine Rolle gespielt haben mag. Auffällig ist, dass gerade in den jeweils ersten Zeilen der Strophen ihr jambischer Rhythmus hinter der Dynamik der Fragen zurücktritt, bevor er in den folgenden Versen deutlicher ausgestaltet wird. Sogar im expressiv verdoppelten »Dahin!« bleibt er präsent. Während die ersten vier Verse der Strophen jeweils durch Paarreim miteinander verbunden sind, wird in den refrainartigen beiden Schlussversen eine identische Reimstruktur erzeugt, da die Worte wiederholt werden.

Forschungsstimmen

HANNELORE SCHLAFFER (geb. 1939) deutet das Gedicht vor allem im Hinblick auf die Figur der Mignon, die im Kontext des Romans das Lied singt. Sie konzentriert sich dabei besonders darauf, wie mythische und mythologische Motive und Bezüge funktionalisiert werden:

»Die gebildeten Italienreisenden meinten, hier ihre eigenen Erlebnisse poetisch verdichtet wiederzufinden. [...] Wenn jedoch ein Dichter des 18. Jahrhunderts von Myrte, Lorbeer, Zitronen und Orangen spricht, so meint er nicht nur Blätter und Früchte, die an den Bäumen hängen, wenn auch Goethes große Fähigkeit gerade darin besteht, der symbolischen Bedeutung den täuschenden Schein sinnlicher Realität zu verleihen.

[...] Die Bilder im Gedicht der *Lehrjahre* aber entwerfen die ungetrübte Herrlichkeit eines antiken Haines. Die Götter, deren Attribute der Autor zu Requisiten seiner Szenerie heranzieht, sind die des Glücks, Venus und Apoll. Die Myrte ist der Venus geweiht und bezeichnet die jungfräuliche Anmut, weshalb sie zum Brautkranz verwendet wird. Der Lorbeer schmückt das Haupt des Apoll, umkränzt den Dreifuß der Pythia, seiner Priesterin, und wird seit der Renaissance als Attribut dieses Gottes der Dichtung zum Schmuck des poeta laureatus [des gekrönten Dichters] gewählt. Orangen und Zitronen sind die Äpfel der Venus [...]. Sinnlichkeit und Kunst herrschen in der ersten Strophe des Gedichts. Die zweite entwirft einen Tempel, der vermutlich diesen Göttern geweiht ist: ›Marmorbilder stehn und sehn mich an.‹

Die Szenerie wechselt mit der dritten Strophe. Man kann

den ›Berg und seinen Wolkensteg‹ als Olymp verstehen, dieser Interpretation entspricht das bedrohliche Arrangement von Höhle, Drachen, stürzendem Fels und Flut. Der besonnte Wolkensteg des Olymp ist sozusagen von unten gesehen und erscheint als Nebel. Diese Perspektive macht die Welt zur nördlichen gegenüber der südlichen der ersten beiden Strophen, zur modernen gegenüber jener antiken. Die Verwendung des Nebels als Metapher für den Norden ist Goethe geläufig. Dennoch dient der Sinngebung dieser Strophe die Mythologie der Antike. Neben dem Olymp, dem Berg der Götter, ist auch der Drache ein Attribut des Musengottes Apoll. Er kämpft gegen die Pythonschlange und besiegt sie. [...] Apoll ist aber, ähnlich wie seine Schwester Minerva, ein Gott der Heilkunst, er ist nämlich der Vater des Äskulap. Der Drache des Gedichts zeigt also zum einen die Finsternis des Nordens, zum anderen das Unglück der Krankheit an. [...]

Die entscheidende Wende in Mignons Leben ist die Einsicht, daß sie in dieser nördlichen Welt keine Liebe finden werde. Erst von da an bricht die Melancholie als Krankheit hervor. Verdämmert mit dem apollinischen Himmel die Gesundheit, so fliehen mit Venus Sinnlichkeit und Liebe diese Welt. Das Emblem [Sinnbild] des Felsens und des über ihn hinstürzenden Wassers stellt die Standhaftigkeit dar. Die Kälte des Nordens ist zugleich die Kälte der Seele. [...]

Mignon verinnerlicht die geographische Bewegung vom Süden zum Norden als Entschluß zur Askese. Die Reihenfolge ihrer veränderten Anreden im Gedicht läßt sich aus dem geschichtsphilosophischen Modell des Gedichts erklären. Ihre erste Aufforderung im Refrain gilt dem Geliebten. Einen Beschützer braucht sie, sobald die Gefahr sich ankündigt. Den Vater sucht sie in der kalten, unsinnlichen Welt des Nordens. Doch ist diese letzte Anrede nicht, wie allgemein angenommen wird, an Wilhelm gerichtet. Dem Ausdruck eines Wunsches in den beiden vorangehenden Strophen, der sich durchaus auf Wilhelm beziehen mag, folgt nun eine Feststellung. Sie konstatiert eine bereits sich vollziehende Tatsache: ›Dahin! Dahin / Geht unser Weg.‹ Wie in der Szene ihres hysterischen Anfalls bei der Anrede ›Vater‹ hinter der Tür der Gesang des wahren Vaters, des Harfners, erklingt, so taucht hier, wo der Phantasie, der Sehnsucht die Wirklichkeit entgegensteht, aus dem Unterbewußtsein der wahre Sachverhalt auf: daß sie gemeinsam mit dem Vater in die nördliche Welt verbannt ist, in der ihm wie ihr zu sterben bestimmt ist. Ihr ›o Vater, laß uns ziehn!‹ ist die Einwilligung in ein unabdingbares Schicksal, das ihr erst in ihrem letzten Lied ganz deutlich wird: ›Laßt mich scheinen, bis ich werde.‹ [...] Eine sinnliche Erfüllung wird sie in dieser Venus-fernen Welt nicht finden. Damit ist ihr aber vom Standpunkt der *Wanderjahre* her Erlösung schlechthin versagt. Ist auch der Einzelne dem Unglück und Tod ausgeliefert, so findet er doch seine Erfüllung als Gattungswesen. Er lebt im Wechsel der Generationen fort. Mit Mignon hingegen zerreißt das Rad der Geburten. [...] Zwischen Vater und Enkeln vermittelt sie nicht. Der Vater selbst ist an ihrer Seite, ohne daß sie ihm das Glück einer Tochter bescheren könnte. Um der Heimatlosigkeit zu entrinnen, versucht sie, den, der eigentlich der Geliebte ist, Wilhelm, mit dem Vater zu vertauschen. Diese sträfliche Vermischung thematisiert die Novelle des *Mannes von funfzig Jahren*. In ihr erscheint der Tausch als ein Vergehen, das die Ordnung der Generationen verwirrt. Des Glückes einer allgemeinen Familiarität nicht teilhaftig, wählt endlich Mignon die plotinische Erlösung [Plotin, Philosoph, um 205–270] der einsamen und verlassenen Seele. In diesem Sinne bereiten die Umstände des Italienliedes die Hoffnung ihres Sterbegesangs vor.«

Hannelore Schlaffer: Wilhelm Meister. Das Ende der Kunst und die Wiederkehr des Mythos. (Sonderausgabe.) Stuttgart: Metzler, 1980. S. 160–164. – © 1980 J. B. Metzlersche Verlagsbuchhandlung und Carl Ernst Poeschel Verlag GmbH in Stuttgart.

GONTHIER-LOUIS FINK (geb. 1928) geht ebenfalls von
dem Gedicht als Lied Mignons aus, er versucht aber, in
seiner Interpretation zu zeigen, welches Konzept von
Liedhaftigkeit hier gestaltet wird:

»Mignon singt dieses Lied, sich auf der Zither des ausge-
lösten Theaterzubehörs begleitend. Im Kommentar vermerkt der Erzähler in beiden Fassungen des Romans [*Wilhelm Meisters theatralische Sendung*; *Wilhelm Meisters
Lehrjahre*], daß ›Melodie und Ausdruck‹ desselben Wilhelm ›besonders wohlgefiel, ob er gleich die Worte nicht
alle verstehen konnte‹. Damit verweist er auf den Geheim-
nischarakter des Italienlieds und unterstreicht dies noch
dadurch, daß wir nicht erfahren, wie Mignon es singt. Weder für sie noch für Goethe ist es eine direkte Aussage der
Sehnsucht. Für beide ist der Ausdruck verschleiert, für
den Dichter durch das Rollengedicht, indem er es einer
geheimnisvollen Gestalt des *Wilhelm-Meister*-Romans in
den Mund legt, für Mignon einerseits dadurch, daß sie
ihre Sehnsucht dabei in drei Rätsel-Bilder kleidet und nur
durch das doppelte ›Mögt ich‹ im Refrain der zwei ersten
Strophen sich dazu bekennt, andererseits dadurch, daß ihr
Lied erst in der Übersetzung durch Wilhelm Gestalt gewinnt. Was im Roman vorgelegt wird, ist eigentlich nur
eine Nachdichtung oder der poetische und grammatika-
lisch korrekte Ausdruck dessen, was Mignon in ihrem ›gebrochenen‹ Deutsch Wilhelm auf besonders eindringliche
Weise mehrmals vorträgt. Darüber hinaus unterstreicht
der Erzähler den Unterschied zwischen Lied und Text
noch dadurch, daß er vermerkt, Wilhelm habe seine Übertragung nur mit Hilfe der Mignon abverlangten Erklärun-
gen herstellen können, wobei er wohl manches ursprünglich nur Angedeutete verdeutlicht, so daß ›die kindische
Unschuld des Ausdrucks‹ verlorengegangen ist. Anders
gesagt, Wilhelm hat Mignons Lied ›etwas ein[ge]lenkt‹,
wie Herder bezüglich der Übertragung der Volkslieder

durch Gleim u. a. sagte.[1] In der Tat erinnert Mignons Wesen, das wiederholte Absingen ihrer Lieder, ihre besonders eindringliche Vortragsweise [...], die der Erzähler nicht umsonst eingehend erläutert, sowie die freie Metrik ihres Liedes an Herders Auffassung des sinnlichen Volks und dessen Art zu singen.[2] Während die durchgehend männlichen, reinen Paarreime harmonisch einander ablösen, wird das jambische Versmaß zuweilen frei gehandhabt, indem es in der ersten Zeile und im Refrain regelmäßig durch den Auftakt durchbrochen wird; zweimal folgen gar drei unbetonte Silben aufeinander [V. 1; V. 9]. [...]

Der Liedcharakter der Verseinlage wird schon dadurch betont, daß Wilhelm das Lied singen hört. Hinzu kommt, daß die drei Strophen analog gebaut sind und mit dem gleichen Fragewort beginnen; wie in einer Rätselreihe ändert sich nur das Frageobjekt, das dann die jeweilige Strophe andeutend umschreibt. Durch die Wiederholung der Frage ›Kennst du?‹ verbindet Goethe drei Bilder lose miteinander, indem er jedem eine Strophe widmet, wobei gerade diese strukturelle Diskontinuität von fern an Pindars [griech. Hymnendichter, um 520–445 v. Chr.] Oden bzw. an Herders ›Sprünge‹ des Volkslieds erinnert. Wie die drei Bilder zusammenhängen, wird nicht erklärt, geht aber aus dem Text hervor. In den ersten zwei Strophen beschwört Mignon Aspekte ihrer Heimat. Vom Allgemeinen zum Besonderen fortschreitend, zeichnet sie zuerst ein Bild des Rahmens, in dem irgendwo das Haus, der von ihr ersehnte Hort, steht; dann erst verweist sie auf den Weg dahin. Wenn einige, durch ihre Auffassung der Ballade verführte

1 Johann Gottfried Herder, *Auszug aus einem Briefwechsel über Ossian und die Lieder alter Völker*, in: *Von deutscher Art und Kunst. Einige fliegende Blätter*, hrsg. von Hans Dietrich Irmscher, Stuttgart 1968, S. 45 [...].

2 Herder (Anm. 1), S. 39: »[...] die Seele des Volks die doch nur fast sinnlicher Verstand und Einbildung ist«; »Lieder des Volks, [...] die selbst in ihrem Mittel gedacht, ersonnen, entsprungen und gebohren sind, und die sie daher mit so viel Aufwallung und Feuer singen, und zu singen nicht ablaßen können«.

Interpreten bedauern, daß der Dichter nicht die logische Abfolge – Weg, Land und schließlich das Haus als Ziel – vorzog, so verkennen sie die Bedeutung dieser Struktur, denn die Umstellung soll einerseits den emotionalen Charakter des Lieds unterstreichen, den der etwas abstrakte Bild- und Fragecharakter zu verschleiern droht; andererseits ist sie [...] motivisch bedingt.

[...] Mignons wiederholte, die drei Strophen abschließende Frage: ›Kennst du es wohl?‹ stimmt durch die Betonung von ›wohl‹ bedenklich, zumal der darauffolgende Zeilensprung eine Pause bezeichnet, bevor sie durch die jeweils wiederholte Aufforderung ›Dahin! Dahin!‹ den Traum gar verwirklichen will. Auch lautlich hebt sich der Refrain, der, wie Goethe in *Kunst und Altertum* [III,1] betont, dem Lied einen ›entschieden lyrischen Charaktere verleiht, deutlich von den Strophen ab, insofern das fünffach betonte ›i‹ und das diesem verwandte ›ö‹ den sehnlichen Wunsch eindringlich vermitteln, was der Erzähler in seinem Kommentar der Darbietung des Liedes noch unterstreicht: ›[I]n dem: *dahin! dahin!* lag eine unwiderstehliche Sehnsucht, und ihr *Laß uns ziehn!* wußte sie, bei jeder Wiederholung, dergestalt zu modifizieren, daß es bald bittend und dringend, bald treibend und vielversprechend war‹ (MA 5, S. 145).«

Gonthier-Louis Fink: *Kennst du das Land? wo die Zitronen blühn* in der Sicht von gestern und heute. In: Gerhard Sauder (Hrsg.): Goethe-Gedichte. Zweiunddreißig Interpretationen. München/Wien: Hauser, 1996. S. 108–123, hier S. 111–117. – Mit Genehmigung von Gonthier-Louis Fink, Saarbrücken.

PETER VON MATT (geb. 1937) betont in seiner Deutung vor allem die nicht ganz gelingende Kommunikation über das Gedicht. Dabei bezieht er sowohl die Figuration des Romans als auch das vorschnelle Verstehen auf Seiten der Leser ein, die gegebenenfalls die rhetorische Formung kaum wahrnehmen.

»Dieses Lied, heißt es im Roman, habe ursprünglich anders ausgesehen. In Mignons eigener Sprache, einem ›gebrochenen, mit Französisch und Italienisch durchflochtenen Deutsch‹, sei es nur teilweise verständlich gewesen, unzusammenhängend auch, aber unvergleichlich in der ›Originalität der Wendungen‹. Die Übersetzung habe es nur ›von ferne nachahmen‹ können.

Der Hinweis ist wichtig, auch wenn es diese Urform natürlich nie gegeben hat. Sie ist Romanfiktion. Keiner hat da je etwas übersetzt. Hingegen trifft es zu, daß das Gedicht geordneter erscheint, als es ist. Eine vordergründige Regelmäßigkeit scheint ihm wie aufgesetzt. Sie verliert sich, wenn man weiterfragt, weicht bald einmal einer bedrohlichen Mehrdeutigkeit. Das Lied ist Inbegriff deutscher Lyrik und könnte doch in jedem Lehrbuch der Rhetorik stehen, so geplant sind seine Parallelen und Repetitionen, so gebaut ist das dreifache Anwachsen der Fragen – auf die keine Antwort folgt, sondern die weiße Stelle im Druckbild –, so genau gesetzt ist jedes Mal der Schluß.

Wir wissen auch, wie Mignon das Lied gesungen hat. ›Das ›Kennst du es wohl?‹ drückte sie geheimnisvoll und bedenklich aus‹, die Schlußverse aber ›bald bittend, dringend, treibend, hastig und vielversprechend‹. Ginge es nur um eine Italienreise, was sollte da die gärende Mischung der Gefühle? Und was sollte jene geisterhafte Lücke im Druckbild?

Ein Liebesgedicht ist das, und dann noch mehr. Es setzt mit erotischen Bildern ein. Mignon, das unentwickelte, in sich selbst zurückgedämmte Wesen, entwirft mit der Landschaft der ersten Strophe eine verschlüsselte Vision von sich als einer reifen, liebesbereiten Frau, die ihres Geliebten gewiß ist. Die halluzinative Sinnlichkeit des zweiten Verses wirft ein Licht auf jenes Wort ›vielversprechend‹ im zitierten Satz. Auch der Myrte kommt hier der antike Sinn zu. Sie ist die Pflanze Aphrodites, der keuschen Artemis verhaßt, und bedeutet Leidenschaft und das Ende der Jungfräulichkeit. Daneben, männlich genug, der Lorbeer.

Die dritte Strophe steht dazu in einem dramatischen Bezug. Sie bringt gehäuft Bilder der Initiation, jener gefährlichen Rituale, über die man in archaischen Gesellschaften die Rechte der Erwachsenen gewinnt. Wie dort die Jugendlichen durch ein Ungeheuer kriechen müssen, das sie symbolisch verschlingt, wie sie in Wasser getaucht, durch Feuer geschickt, der pfadlosen Wildnis ausgesetzt werden, so baut sich hier der Weg über den Gotthard [Sankt-Gotthard-Pass, verbindet Alpensüd- und -nordseite] als ein großes Szenar der zweiten Geburt auf. Mignon wünscht und sucht diesen Durchgang, hinüber in ein neues Dasein. Aber dieses neue Dasein ist zuletzt mehr und etwas anderes als das erfüllte, sinnlich bewegte Frauenleben. Und entsprechend ist das ganze Gedicht mehr und etwas anderes als nur ein Liebesgedicht. Was Mignon will, ist eine Vollkommenheit, die auf einmal da ist, ganz und unveränderbar, eine stehende Vollendung, die Werden und Wandlung, Gestaltung und Umgestaltung ausschließt. Alles soll gleichzeitig sein: Blüte und Frucht, Natur und Kunst, Leib und Stein, Himmel und Erde. Die Gesetze des umfassenden Werdens sind aufgehoben in einer glänzenden, todesstillen Ruhe.

So groß ist Mignons Leiden, daß der Traum von einer Erlösung sie über alles Leben hinausträgt. Gut, daß der Mann, dem sie das Lied singt, schwer von Begriff ist.«

Peter von Matt: Gefährliche Vollkommenheit. In: Marcel Reich-Ranicki (Hrsg.): Johann Wolfgang von Goethe. Verweile doch. 111 Gedichte mit Interpretationen. Frankfurt a. M. / Leipzig: Insel Verlag, ⁵1999. S. 155–157. – © Insel Verlag, Frankfurt am Main 1992.

Fünfte Elegie

Froh empfind' ich mich nun auf klassischem Boden
begeistert,
Lauter und reitzender spricht Vorwelt und Mitwelt zu
mir.
Ich befolge den Rath, durchblättre die Werke der Alten
Mit geschäftiger Hand täglich mit neuem Genuß.
Aber die Nächte hindurch hält Amor mich anders
5   beschäftigt,
Werd ich auch halb nur gelehrt, bin ich doch doppelt
vergnügt.
Und belehr ich mich nicht? wenn ich des lieblichen
Busens
Formen spähe, die Hand leite die Hüften hinab.
Dann versteh ich erst recht den Marmor, ich denk' und
vergleiche,
10 Sehe mit fühlendem Aug', fühle mit sehender Hand.
Raubt die Liebste denn gleich mir einige Stunden des
Tages;
Giebt sie Stunden der Nacht mir zur Entschädigung
hin.
Wird doch nicht immer geküßt, es wird vernünftig
gesprochen,
Ueberfällt sie der Schlaf, lieg ich und denke mir viel.
15 Oftmals hab' ich auch schon in ihren Armen gedichtet
Und des Hexameters Maas, leise, mit fingernder Hand,
Ihr auf den Rücken gezählt, sie athmet in lieblichem
Schlummer

Und es durchglühet ihr Hauch mir bis ins tiefste die
                            Brust.
Amor schüret indeß die Lampe und denket der Zeiten,
Da er den nämlichen Dienst seinen Triumvirn gethan.   20

Die Horen. Eine Monatsschrift. Hrsg. von Friedrich Schiller. H. I,12. Tübingen: Cotta, 1795. [Unpaginiert.] – Witte (2001) S. 158 f.

Entstehung und Erstdruck

Der Zyklus der *Römischen Elegien* entstand nach Goethes erstem Italienaufenthalt, der ihn als inszenierte Flucht von September 1786 bis April 1788 weg von Weimar führte. Das Leben am Weimarer Hof mit allen Aufgaben, die sich ihm als Geheimem Rat stellten, die intensive, aber letztlich perspektivenlose Beziehung zu Frau von Stein und die dichterische Produktion, die er oft nach den Anforderungen des Hofes und seiner Feste auszurichten hatte, scheinen dazu geführt zu haben, dass Goethe einen kontrollierten Ausbruch versuchte. Zwar weihte er keinen der Freunde aus dem Weimarer Kreis in seine Reisepläne ein, doch hielt er durchgängig Briefkontakt mit ihnen aufrecht und arbeitete auch in Italien an der Herausgabe seiner *Schriften*, einer ersten offiziellen Werkausgabe. Italien – und besonders Rom – stellte dabei für Goethe einen Raum dar, den er einerseits aus Erzählungen des Vaters von dessen Reise kannte und selbst erleben wollte, der andererseits aber mit dem dortigen deutschen Künstlerkreis und generell über die Tradition der Kavalierstour zur Bildung junger Adeliger und reicher Bürger noch derart legitimiert war, dass er nicht gänzlich die Verbindung und den Anschluss an das literarische Leben trennte. Seit Johann Joachim Winckelmanns (1717–1768) Beschäftigung mit

Johann Heinrich Wilhelm Tischbein:
Goethe am Fenster seiner Wohnung in Rom, 1787

der Kunst der Antike, die die moderne Kunstwissenschaft begründete, schien in Italien die Begegnung mit einer ursprünglichen, idealen Kunst möglich. Von einer solchen Begegnung erhoffte sich Goethe einen neuen Schub der eigenen, teilweise ins Stocken geratenen Kreativität – zumindest kann er sie nutzen, um den Stilwechsel, der sich in seinem Schaffen schon angedeutet hat, deutlicher zu konturieren. So schreibt er aus Rom an seine Freunde in Weimar:

»Rom, den 1. November 1786.
Ja, ich bin endlich in dieser Hauptstadt der Welt angelangt! Wenn ich sie in guter Begleitung, angeführt von einem recht verständigen Manne, vor fünfzehn Jahren gesehen hätte, wollte ich mich glücklich preisen. Sollte ich sie aber allein, mit eignen Augen sehen und besuchen, so ist es gut, daß mir diese Freude so spät zuteil ward.
Über das Tiroler Gebirg bin ich gleichsam weggeflogen. Verona, Vicenz, Padua, Venedig habe ich gut, Ferrara, Cento, Bologna flüchtig und Florenz kaum gesehen. Die Begierde, nach Rom zu kommen, war so groß, wuchs so sehr mit jedem Augenblicke, daß kein Bleiben mehr war, und ich mich nur drei Stunden in Florenz aufhielt. Nun bin ich hier und ruhig und, wie es scheint, auf mein ganzes Leben beruhigt. Denn es geht, man darf wohl sagen, ein neues Leben an, wenn man das Ganze mit Augen sieht, das man teilweise in- und auswendig kennt. Alle Träume meiner Jugend seh' ich nun lebendig; [...] seh' ich nun in Wahrheit, und alles, was ich in Gemälden und Zeichnungen, Kupfern und Holzschnitten, in Gips und Kork schon lange gekannt, steht nun beisammen vor mir; wohin ich gehe, finde ich eine Bekanntschaft in einer neuen Welt; es ist alles, wie ich mir's dachte, und alles neu. Ebenso kann ich von meinen Beobachtungen, von meinen Ideen sagen. Ich habe keinen ganz neuen Gedanken gehabt, nichts ganz fremd gefunden, aber die alten sind so bestimmt, so leben-

dig, so zusammenhängend geworden, daß sie für neu gelten können.« (*Italienische Reise*, HA 11, S. 125 f.).

Neben den Eindrücken der beiden Aufenthalte in Rom – Goethe reiste zunächst über Verona, Venedig und Ferrara nach Rom, von dort weiter bis Sizilien und blieb auf dem Rückweg nochmals für längere Zeit in Rom – zeugen die Elegien aber auch von der intensiven Auseinandersetzung mit der antiken römischen Dichtung, besonders der drei Dichter Tibull (um 55–18 v. Chr.), Properz (um 50 – um 15 v. Chr.) und Catull (um 84 – nach 55 v. Chr.) und von Goethes Liebesbeziehung zu Christiane Vulpius, die er kurz nach seiner Rückkehr nach Weimar im Juli 1788 kennen lernte.

Die Texte waren zunächst nicht für den Druck bestimmt, sondern kursierten mündlich vorgetragen oder als Briefbeilagen im Weimarer Kreis, zu dem u. a. Johann Gottfried Herder, Christoph Martin Wieland und auch der Herzog Carl August gehörten. Goethe hatte sich diesen Zirkel zwar von Italien aus durch Briefe erhalten können, jedoch zeigten sich nach der Rückkehr für ihn größere Schwierigkeiten, sich wieder in das Weimarer Leben einzufinden. Entsprechend riet man ihm gerade hier von der Publikation der Elegien ab, zumal in Goethes ursprünglicher Konzeption Texte enthalten waren, die auf Grund ihres deutlich erotischen Charakters (Goethe hatte die Sammlung zunächst »Erotica Romana« genannt) kaum für eine breite Veröffentlichung geeignet schienen. Goethe selbst ließ zunächst nur die dreizehnte Elegie unter dem Titel *Elegie. Rom 1789* in der *Deutschen Monatsschrift* vom Juli 1791 erscheinen. Als Friedrich Schiller aber nach neuem Material suchte, das er in den *Horen* veröffentlichen konnte, überarbeitete Goethe in Zusammenarbeit mit dem Freund den Zyklus und ließ 1795 zwanzig Elegien unter dem Titel *Elegien. Rom 1788* anonym in den *Horen* drucken. Für die interessierte literarische Öffentlichkeit war es jedoch kein Geheimnis, wer der Verfasser sein musste. Obwohl die freizügigeren Elegien zurückgehalten worden waren, sorgten allein die publizierten doch noch für einen Skandal, zumindest aber für Entrüstung. Als *Römische Elegien* wurden die Texte zunächst in einem Brief Goethes an Schiller vom 7. August 1799 bezeichnet. Seit der Ausgabe von 1806 finden sie sich unter diesem Titel auch in den Sammlungen (oder dort zumindest im Inhaltsverzeichnis).

Die fünfte Elegie ist repräsentativ für den ganzen Zyklus, da hier die Themen der erfüllten Liebe, des Dichtens und der Anknüpfung an die Antike miteinander verschränkt werden. Die Elegie ist einzeln und im Kontext des Zyklus interpretiert worden, da sie auch allein stehend als Muster von Goethes klassischer Lyrik gelten kann.

Zeilenkommentar

[Titel] Elegie: lyrische Textsorte, entweder formal als Gedicht in elegischen Distichen (Hexameter- und Pentameterverse im Wechsel) oder inhaltlich als klagendes Gedicht aufzufassen.

2 *lauter… spricht:* Rückbezug auf die erste Elegie, die in den ersten Versen die Baudenkmäler anspricht, die dem lyrischen Ich gegenüber noch schweigen. Über die erfüllte Liebesbeziehung, die in der ersten Elegie bloß vorweggenommen wird, hat sich ein Verständnis der Kunst eingestellt, das einer Kommunikation gleichkommt.

6 *halb nur gelehrt … doppelt vergnügt:* durch Parallelismus und Rechenspiel amüsant.

9 *Marmor:* Die ideale Nacktheit der weißen Marmorstatuen wurde zu einem künstlerischen Paradigma des Klassizismus. Hier wird aber auch der Pygmalion-Mythos, der im 18. Jahrhundert verstärkt aufgegriffen wurde, radikalisiert, indem die Statue, das Werk des Bildhauers Pygmalion, in das er seine ganze Liebe legt und das von Aphrodite lebendig gemacht wurde, nicht ver-

gegenwärtigt, sondern mit dem Körper der Geliebten
überblendet wird.

10 *sehe … fühlendem … fühle … sehender:* Chiasmus,
führt die Synästhesie, die in der ganzen Elegie präsent
ist, in einem Vers aus und markiert gleichzeitig den
Übergang von Rezeption zu eigener Produktion.

16 *Hexameters:* klassisches griechisches Versmaß, im
Deutschen ein auftaktloser Sechsheber, der in der
strengen Variante aus sechs Daktylen besteht.

20 *Triumvirn:* Der Begriff bezeichnet ursprünglich ein
antikes politisches Gremium, wird aber seit der Renaissance für die Dichter Catull, Tibull und Properz
gebraucht.

Metrische und rhythmische Besonderheiten

In den *Römischen Elegien* greift Goethe die Tradition der
antiken Liebeselegie nicht nur inhaltlich auf. Angeregt
von zeitgenössischen Übersetzungen antiker Werke, allen
voran Johann Heinrich Voß' (1751–1826) Homer-Über-
tragungen, versucht Goethe die antiken Metren in die
deutsche Sprache aufzunehmen. Allerdings unterscheidet
sich deren akzentuierendes Prinzip von dem System der
Längen und Kürzen, wie es z. B. im Lateinischen präsent
ist. Waren also in der antiken Dichtung die Silben lang
oder kurz zu lesen, so legen im Deutschen nicht die Längen, sondern die Wortakzente Betonungen fest, die mit
der Länge der gesprochenen Vokale nicht zusammenfal-
len. Für seine nicht immer befriedigende Übertragung des
elegischen Distichons ins Deutsche ist Goethe entsprechend kritisiert worden, so dass er sich für die Aufnahme
der Elegien in die Werkausgabe Hilfe u. a. von August
Wilhelm Schlegel holte. Dessen Beratung mündete in einer
metrischen Überarbeitung, die an einigen Stellen glättend
wirkte. Trotzdem konnten schon die Verse der *Horen-*

Fassung das antike Metrum wiederbeleben. Hexameter und Pentameter wechseln sich ab und geben durch die Möglichkeit, Spondäen oder Daktylen zu verwenden, an vielen Stellen des Verses die Freiheit, die Metren zu füllen, da nur der Versfuß vor der Mittelzäsur und der letzte bzw. die letzten beiden zwingend vorgeschrieben sind.

Forschungsstimmen

MAX KOMMERELL (1902–1944) folgt in seiner Lektüre dem Text eng, kann dabei aber dezidiert den innovativen Charakter in Goethes Anknüpfung an antikes Kunstschaffen herausarbeiten:

»Unwillkürlich schweift der Leser vom Schluß dieser dreizehnten Elegie zurück auf die fünfte, die so üppig mit dem heimlichen Ernst des Dichters spielt. Der Tag den klassischen Studien, die Nacht der Geliebten! Aber ist dies nicht auch ein Studium? ›Und belehr ich mich nicht, indem ich des lieblichen Busens Formen spähe, die Hand leite die Hüfte hinab? Dann versteh ich den Marmor erst recht …‹ Dies am Leib der Geliebten gelernte Verstehen des Marmors, dieser erotisch geschärfte Tastsinn des Auges wird Dichtung, eine Dichtung, deren Ehrgeiz die Vollendung plastischer Formen ist. Amor und seine Prahlereien sind genau das, was der Dichter vor dem Humanismus voraus hat. Ein Glanz muß auf alles Leibliche fallen, damit die Menschengestalt in der bildenden Kunst aufgehe; diesen Glanz entdeckte zu allen Zeiten der Liebende, sehend, was schön ist, es als Hingerissener sehend; so entdeckt ihn auch der Liebende jetzt und versteht, was an der alten Kunst Leben ist: ihre Geburt aus Liebe.«

Max Kommerell: Gedanken über Gedichte. Frankfurt a. M.: Klostermann, ⁴1985, S. 228. – © Vittorio Klostermann GmbH, Frankfurt am Main 1943.

NORBERT MILLER (geb. 1937) beschäftigt sich mit den *Römischen Elegien* im Zusammenhang mit Goethes Aufenthalt in Rom. Entsprechend kann er an das Wissen um den gut erforschten Kontext von Goethes Lektüre und Kunstbetrachtung in Italien anknüpfen:

»Mit [der fünften] Elegie [...] nimmt Goethe die Anfangskonstellation wieder auf: der Künstler auf klassischem Boden, jeder Ort, jede Ruine, jeder Marmor Zeugnis antiker Größe und zeitloses Gesetz für die Nachgeborenen. Aber jetzt schweigen diese Zeugnisse nicht länger, die Liebe hat den Beglückten nicht nur, sie hat auch den Steinen, den hohen Palästen, den Straßen, selbst den Kirchen und Ruinen die Zunge gelöst. Die stummen und öden Straßen haben sich unversehens belebt, so daß Rom gewissermaßen mit zwei Stimmen zu ihm spricht, daß Vorwelt und Mitwelt zu gleicher Zeit sich ihm vernehmlich machen. Streng ist die Stimme der Altertümer und der Kunstwerke, die den Säumigen zu antiquarischem Gewerbefleiß anhält, Goethe aber löst den Ernst in gelassene Heiterkeit auf: er kehrt nicht in die alte Rolle des bedächtigen Mannes zurück, der eine Reise benutzt [...], sondern er durchblättert in halbem Müßiggang die Werke der Alten, bald in Winckelmann und den römischen Quellen lesend, bald im Streifzug durch die nach Belieben aufgeschlagenen Säle der Sammlungen. Ein Müßiggang freilich, der dem auf klassischem Boden Begeisterten jeden Gegenstand im Anfassen sinnlich näherbringt. So erneuert sich täglich der Genuß in der Erkenntnis, zumal die gleiche, im Blättern geschulte Hand ihre Empfindlichkeit nachts anders erprobt [..].«

Rom wird Goethe so zu einem eigenen Raum:

»Belehrt in der Stadt des Ruhms, die auch die Stadt der Liebe ist, nicht auch die aufmerksame Sinnenfreude, das Ausspähen und Einfühlen der Schönheit an der Liebsten, den Künstler und den Dichter so gut wie die vollkomme-

ne Linie einer Skulptur, wie die Meisterschaft der klassischen Elegiker? Muß es bei Winckelmanns strengem
Diktum bleiben, der einzige Weg für den neuen Artisten,
welchen Fachs auch immer, frei und nach Möglichkeit
unnachahmlich zu werden, bestehe in der Nachahmung
der Alten? Aber mußte die antike Kunst, diese zweite Natur, wirklich als Lehrmeisterin an die Stelle der ersten treten? Sah der Begeisterte, wenn er ins Weite schaute, nicht
die gleiche Landschaft? War nicht das gleiche Licht noch
immer über Rom? Hatte sich der Kanon des Lebendig-
Schönen aus der Vorwelt in der Mitwelt aufgelöst? Was
die Hand streichelte und das Auge trunken erblickte, war
das nicht erst der Beweis für die Vollkommenheit der Antike? Mit frivolem Ernst spielt Goethe diese ästhetische
Gleichung durch: wenn Sir William Hamilton [1730–1803;
schottischer Diplomat und dilettierender Archäologe] die
Proportionslehre der hellenistischen Kunst beweisen
konnte, indem seine schöne Gespielin antike Statuen
nachstellen ließ, wie mußte erst die liebende Berührung
der Schönen die Hand geschmeidig machen, nun auch die
zarte Oberfläche des Marmors, das Schwellen der Mus-
keln und Adern, das Erwachen der Seele im Stein zu er-
spüren. Pygmalion hatte sich einst in eine von ihm geschaffene Statue der Aphrodite verliebt und hielt sie dann
durch eine Gnade der Göttin auf einmal lebendig in seinen Armen. Dem Jünger, der sich im Dienst des göttlichen
Sohns weiß, erweckt umgekehrt die römische Galathea in
ihrer Umarmung ganze Galerien herrlicher Marmorwerke
zu neuem Leben. Dem Studium des Zauberlehrlings wird
zum Nutzen, was er für eine letzte Umarmung der Geliebten vom strebsamen Tag sich geraubt hat, da die Nacht
im doppelten Vergnügen ihm auch doppelten Gewinn
bringt.
Die Lehrstunde, die der Poet aus der Liebe gewonnen
hat, bringt ihn den römischen Elegikern nahe, ohne daß
die Leidenschaft für das schlummernde Mädchen auch

nur *einen* Augenblick nachließe! Goethe verstärkt unmerklich die Linie des nach Properz skizzierten Bildes. Das ist kein ins Leichtfertige gewendeter Rebus, das ist ein dem Leben unmittelbar abgelauschter Zug. Mit Fragonards [Jean-Honoré F., 1732–1806, frz. Rokoko-Maler] Hingerissenheit ist die intime, vom Aufflackern der Lampe begleitete Nachtszene entworfen, aber mit einer herzlichen Teilnahme, die Erinnern und Erleben in gleicher Rührung löst. An wenigen Stellen des Zyklus wird, wie hier, schattenhaft das Weimar im farbigeren römischen Idyll faßbar; denn erst in der Liebe zu Christiane wird Goethe die lebendige Nähe zur römischen Elegie bewußt. Erst in den nach außen abgeschirmten Herbst- und Winterwochen dieses Ausnahmezustands wurde das Rom der Elegiker zu seinem Rom [...]. Amor mag in seiner Dienerrolle mit einiger Melancholie an die Ära zurückdenken, als nach dem Ende der Bürgerkriege im Rom des Augustus die untereinander zerstrittenen Mächtigen der Politik durch die dichterischen Triumvirn der Elegie abgelöst wurden. Ungefährdet weiß der Gott dennoch sein Reich und blickt mit Vergnügen auf den dichtenden Neophyten [Anwärter auf die Aufnahme in eine Kultgemeinschaft] hin, der sich da so willig und eifrig in seine Obhut stellt. Nicht einer, der als Poet seine Hilfe mit gleichem Selbstbewußtsein und gleicher Selbstverständlichkeit für sich gefordert hätte. Im Maß des Hexameters, »leise, mit fingernder Hand, ihr auf den Rücken gezählt«, ist die Zeit aufgehoben zwischen dem Triumvirat liebender Elegiker und diesem *Propertius redivivus.«*

Norbert Miller: Der Wanderer. Goethe in Italien. München/Wien: Hanser, 2002, S. 497–499. – © 2002 Carl Hanser Verlag, München.

MARTIN HUBER (geb. 1962) interessiert, wie es Literatur schafft, sensuelle Reize wie haptische Eindrücke oder Emotionen durch Worte im Leser hervorzurufen. Die aufgerufenen Sinne, ihre Verbindung und ihre Vermittlung stehen im Zentrum seiner Auseinandersetzung mit dem Gedicht:

»Der Kern von Goethes Verfahren liegt (buchstäblich) auf der Hand: Er kehrt die Richtung des bis dahin üblichen literarischen Wahrnehmungsverfahrens um. Nicht die ästhetische Erfahrung der Kunst, also die antike Statue, steht am Ausgangspunkt, sondern die sinnliche Körperwahrnehmung der Geliebten. [...]
Der Umschlag von der ästhetischen zur erotischen Erfahrung gelingt dem Dichter der *Fünften Elegie* im synästhetischen Verschränken der beiden Wahrnehmungsorgane Auge und Hand, verdichtet eben im Chiasmus des 10. Verses. [...] Soll der Chiasmus ›Sehe mit fühlendem Aug‹, fühle mit sehender Hand‹ allerdings für mehr als ein gelungenes poetisches Bild stehen [...], ist der Synästhesie genauer nachzugehen. Goethes Verfahren durchbricht nicht nur die Hierarchie der Sinne, indem er Auge und Hand gleichsetzt, sondern verweigert die Trennung der Wahrnehmung in einen Fernsinn Sehen und einen Nahsinn Fühlen.
[...] So läßt sich die Fügung ›fühlende[s] Auge‹ und ›sehende[ ] Hand‹ jenseits von Paradoxien poetischer Metaphorik auflösen: Der Dichter fühlt die Geliebte und ›sieht‹ aber gleichzeitig die Marmorstatue, er sieht die Geliebte und ›fühlt‹ den Marmor. Ein gegenwärtiges haptisches ›Gefühl‹ wird mit einem gespeicherten Bild überblendet, ein visuelles Bild mit haptisch-sensorischen Daten aus der Erinnerung gefüllt. Was in der Literatur um 1800 als atemberaubend raffinierte Grenzüberschreitung empfunden wurde, scheint, als Bewußtseinsvorgang verstanden, so ungewöhnlich nicht, da unsere mentalen Repräsentatio-

nen permanent über die Verschaltung mehrerer Sinneskanäle und Informationen aus Gegenwart und Vergangenheit aufgebaut werden. Goethes Chiasmus kann deshalb als eine auch phänomenologisch adäquate Umsetzung eines multisensoriellen Empfindungsvorgangs mit poetischen Mitteln gelesen werden. Innerhalb der Literatur gelingt mit der Adaptation des Verfahrens die narrative Inszenierung eines Glückszustands.

[...] Der Dichter wendet diese Technik auch auf sein Verhältnis zur ›Welt‹ und seine Arbeit an [...]. Das Verfahren der sensoriellen Überblendung verbindet ihn so mit der klassischen ›Vorwelt‹ (V. 2), deren Kunst und Literatur er nun ausgehend von der erotischen Körpererfahrung der Geliebten nicht nur mit dem Fernsinn Auge wahrnimmt, sondern mit der Hand erfühlt. [...]

Darüber entsteht nicht nur ein neues genußvolles (vgl. V. 4) Verständnis der antiken Literatur; mit diesem Verfahren läßt sich der Glückszustand sogar in die eigene Arbeit hinein verlängern, sie braucht nur nach derselben Methode organisiert zu werden [...] ([vgl.]V. 15–17). Das Dichten, oder anders gesagt, Goethes Modell von Klassik, die er nicht als Buchgelehrtheit, sondern als lebendige Einheit von Gegenwart und Vergangenheit versteht – wird so als sinnliches Erlebnis gegenwärtiger und glücklichen Selbstbewußtseins inszeniert. [...] Die Figur des Amor steht (passenderweise auch noch als Palindrom [ein Wort, das dieselben Buchstaben aufweist] für Roma) innerhalb der Inszenierung für das grundlegende Wechselspiel zwischen Innen- und Außenperspektive, autobiographischer wie kultureller Vergangenheit und garantiert die *sinnliche* Vermittlung der verschiedenen Zeiten und Wahrnehmungsfelder.«

Martin Huber: Der Text als Bühne. Theatrales Erzählen um 1800. Göttingen: Vandenhoeck & Ruprecht, 2003. S. 225–227. – © 2003 Verlag Vandenhoeck & Ruprecht, Göttingen.

Gefunden

Ich ging im Walde
So für mich hin,
Und nichts zu suchen
Das war mein Sinn.

Im Schatten sah' ich   5
Ein Blümchen stehn,
Wie Sterne leuchtend,
Wie Aeuglein schön.

Ich wollt' es brechen;
Da sagt' es fein: 10
Soll ich zum Welken
Gebrochen seyn?

Ich grub's mit allen
Den Würzlein aus,
Zum Garten trug ich's   15
Am hübschen Haus.

Und pflanzt es wieder
Am stillen Ort;
Nun zweigt es immer
Und blüht so fort.   20

Werke 1815. S. 26. – Witte (2001) S. 325.

Entstehung und Erstdruck

Goethe schrieb das Gedicht im August 1813 auf dem Weg von Weimar nach Ilmenau und schickte es als Brief an seine Frau Christiane (zit. als: »Hs. 1813«). Da er diese 25 Jahre früher, im Juli 1788, getroffen hatte und seitdem mit ihr eine Beziehung führte, die allerdings erst 1806 in die Ehe mündete, wird das Gedicht meist in diesem biographischen Kontext verortet. In die Sammlung von 1815 nahm Goethe das Gedicht unter der Rubrik »Lieder« auf, veränderte es jedoch leicht der Briefversion gegenüber.

Zeilenkommentar

[Titel] *Gefunden:* [Hs. 1813:] Im Brief trägt das Gedicht statt des Titels nur die Adressatenaufschrift »Frau v. Goethe«.

2 *So für mich hin:* [Hs. 1813:] »So vor mich hin«.

7 *Wie Sterne leuchtend:* [Hs. 1813:] »Wie Sterne blincken«. In der Druckversion wird das Licht intensiviert: »leuchten« bezeichnet einen konstanten Schein, »blincken« aber ein Flackern.

9–12 *Ich wollt' ... / Gebrochen seyn?:* möglicher intertextueller Bezug zu Goethes Gedicht *Heidenröslein.* Dort wird die Blume gebrochen – in der Semantik des Gedichts lässt sich dies letztlich als Vergewaltigung lesen –, hier nimmt die Szene jedoch einen guten Ausgang.

13–15 *Ich grub's ... trug ich's:* [Hs. 1813:] »Mit allen Wurzeln / Hob ich es aus / Und trugs zum Garten«. Die Inversionen (Umstellungen) und der Diminutiv (Verkleinerungsform: »Würzlein«) in der Druckfassung verstärken den künstlerisch geformten Charakter, während die etwas schlichtere Form der Handschrift vergleichsweise volksliedhaft scheint.

17–20 *Und pflanzt ... so fort:* [Hs. 1813:] »Ich pflanzt es
wieder / Am kühlen Ort / Nun zweigt und blüht es /
Mir immer fort«. Gegenüber der Druckversion wird
die Bezogenheit auf das lyrische Ich stärker betont, da
Wachstum und Blüte nur für das lyrische Ich da zu
sein scheinen.
19 *zweigt:* Wortneuschöpfung bzw. Neologismus für
»treibt Zweige, lässt Zweige wachsen«.

Metrische und rhythmische Besonderheiten

Goethe hat viele seiner Gedichte im Ton schlichter Volkslieder verfasst. *Gefunden* lässt sich eindeutig zu dieser
Gruppe zählen, zumal der Text häufig vertont wurde.
Goethes Lyrik diente vielen Komponisten als reicher
Fundus, so dass es eher schon interessant ist, welche Gedichte *nicht* mit Melodien versehen worden sind. Im Fall
von *Gefunden* handelt es sich aber insofern um eine Ausnahme, da das Gedicht neben seiner Natur- und Blumen-
Motivik, die sich ebenfalls häufig in Goethes Werk findet,
kaum weiterreichende Deutungsaspekte aufweist. Im biographischen Kontext leicht einzuordnen und von Reimschema und Metrik her schlicht gebaut, bot das Gedicht
den Interpreten kaum Spielraum für eine kontroverse
Diskussion. Die fünf Strophen folgen klar dem Muster
des Volkslieds, sie bestehen jeweils aus vier Versen und
sind in zweihebigen Jamben gehalten. Die männlichen
zweiten und vierten Verse reimen sich jeweils, die weiblichen ersten und dritten Verse der Strophen nicht. Es lassen sich jedoch in der dritten und annäherungsweise der
letzten Strophe immerhin Assonanzen zwischen den letzten Worten der ersten und dritten Verse beobachten
(»brechen« – »Welken« bzw. »wieder« – »immer«). Doch
diese kleinen Irregularien verweisen auf keinen versteckten Zusammenhang, so dass der Text in seiner schlichten

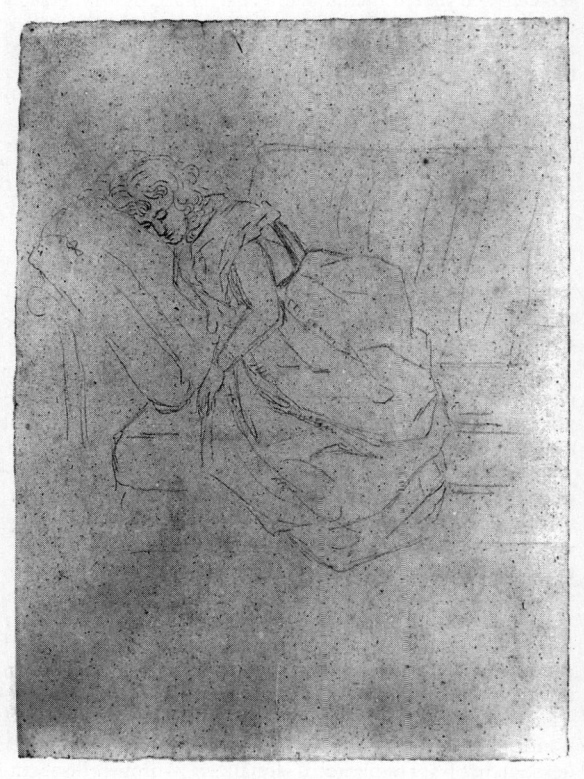

Johann Wolfgang Goethe:
Christiane Vulpius, auf einem Sofa schlafend, 1788

Gefälligkeit stehen bleibt. Die Gelegenheit bestimmt hier die Form, denn Christiane sollte an diesem Text Gefallen finden und sich an der lyrischen Verarbeitung ihrer Beziehung freuen.

Forschungsstimmen

WOLFGANG LEPPMANN (geb. 1922) schreibt dem Gedicht eine nahezu naive Vollkommenheit zu, die keinerlei Problematisierung bedürfe, da sie ein in sich geschlossenes Ganzes sei:

»›Hübsch‹, ist man beim Lesen dieser Zeilen versucht zu sagen, obschon mancher bei ›Blümchen‹ und ›Äuglein‹ und ›Würzlein‹ die Lippe verziehen mag, denn das Niedliche steht heute nicht hoch im Kurs. Aber sie stammen schließlich von Goethe, es wird also was dran sein. Warum aber gerade dieses Gedicht von ihm anstatt eines der vielen, in denen er uns jenen klaren ›Denkanstoß‹ gibt, den wir mittlerweile auch von der Lyrik zu erwarten, ja zu fordern gelernt haben? Weil es zu den verhältnismäßig wenigen Gedichten der Weltliteratur gehört, die einen alltäglichen, ohne weiteres nachvollziehbaren Vorgang auf so exemplarische Art schildern, daß er unverrückbar fixiert bleibt.

Ein Mann (kein Dichterfürst und kein Geheimer Rat, sondern einer wie du und ich) geht sorglos durch den Wald und sieht eine Blume. Keine Rilkesche Rose, keine Bennsche Aster, sondern irgendeine Feld-, Wald- und Wiesenblume. ›Die ist aber schön‹, durchzuckt es ihn, ›die muß ich haben!‹ Irgend etwas an der Blume – ihre Schönheit, ihre Schutzlosigkeit, ihre ›feine‹ Art – hält ihn jedoch zurück, bis ein weiterer und höherer Impuls zum Zuge kommt. Anstatt sie zu pflücken, nimmt er die Blume mit und verpflanzt sie in seinen Garten.

Wer hätte dies nicht erlebt, hätte nicht selber mal die Versuchung verspürt, eine Blume oder einen Strauch oder ein junges Tier, kurz: ein ihm wehrlos ausgeliefertes Lebewesen zu ›brechen‹, nur um schließlich doch dem entgegengesetzten Drang zu folgen und es zu Hause weiterleben und -wachsen zu lassen? Ist in der Achse des Gedichts, in der Frage ›Soll ich zum Welken / Gebrochen sein?‹ nicht das ganze Spannungsfeld zwischen Töten und Lebenlassen, zwischen Instinkt und Moral, zwischen nomadischer und seßhafter Kultur und auch zwischen gedankenlos zerstörerischer Jugend und bewahrendem Mannesalter umrissen? Wer so handelt, ist kein wilder Knab' wie im ›Heidenröslein‹, sondern ein Weiser. Für ihn ist die gute Tat zugleich auch die ästhetisch und pragmatisch richtige. Goethe wußte bereits, was wir noch zu lernen haben: die Natur belohnt nur den, der ihr mit Vernunft und Achtung begegnet.

In unscheinbarem, sprachlich und syntaktisch denkbar einfachem Gewand und mit einer Naivität, wie sie nur den großen Dichtern und auch ihnen nur im Alter gegeben ist, trägt er hier eine Wahrheit vor, die jenseits aller Denkanstöße angesiedelt ist. Hübsch? Gewiß. Das ist nicht belanglos, aber es ist nebensächlich; ein Gedicht kann, aber es muß nicht hübsch sein.

Nebensächlich ist freilich auch all das, was hier an Schulerinnerungen aufsteigt, von der metrischen Dimension (jambischer Kurzvers mit abwechselnd weiblichen und gereimten männlichen Endungen) über die musikgeschichtliche (es gehört zu den am häufigsten vertonten Gedichten von Goethe) zur autobiographischen (am 26. August 1813 niedergeschrieben, ein Vierteljahrhundert auf den Tag, an dem der Dichter seine Christiane ›gefunden‹ hatte). Das alles ist Beiwerk, Hilfsmittel zur Analyse und Datierung eines Gebildes, das ihrer nicht bedarf. Eines Gebildes, in dem Wort und Gedanke, Bild und Symbol einander so zwanglos entsprechen, daß es außerhalb aller Literaturperioden und Geschmacksrichtungen weiterlebt: vollkommen in seiner Art, auch wenn diese nicht mehr die unsere ist.«

Wolfgang Leppmann: Vollkommen in seiner Art. In: W. L.: In zwei Welten zu Hause. Aus der Lebensarbeit eines amerikanischen Germanisten. München: Drei Ulmen Verlag, 1989. S. 207f. – © 1989 Drei Ulmen Verlag, München.

KLAUS DODERER (geb. 1925) stellt angesichts des Gedichts die Frage, wie die Lebensrealität von Goethes und Christianes Ehe überhaupt aussah und wie diese in das Gedicht transportiert und in diesem Medium transformiert wurde.

»Die kosmopolitische Weite von Goethes Denken ist in dem so bewegten Jahr 1813 mit einer oftmals spürbaren Distanzierung zum Alltagsgeschehen verbunden. Der Wunsch, Direktheiten zu vermeiden, führt zum Gebrauch der Sprache der Bilder. Und die ist auch in den Zeilen des Gedichts ›Gefunden‹ zu finden. Goethe sagte in ihm seine freundliche Erinnerung gleichsam durch die Blume. Wer gemeint ist, Christiane, wird zum ›Blümchen‹, das im Schatten stand, an einen stillen Ort verpflanzt wurde und nun sich verzweigen und fortblühen kann.

So feinsinnig die fünf Strophen gemeint sein mögen, sie eröffnen jedoch die subjektive Ausdeutung eines Verhältnisses von zwei Menschen nur von der einen Seite, nämlich der des Mannes. Schon das erste Wort lautet ›Ich‹. Und dieses Ich simuliert in der ersten Strophe eine absolute Geschlossenheit gegenüber der Umwelt, denn ›nichts zu suchen, das war mein Sinn‹. Nun kommt die unvorhergesehene Überraschung: nämlich ein Geschöpf, ein Blümchen, sieht der in sich eingesponnene Spaziergänger im Schatten stehen. Aber, so erfahren wir, von diesem Wesen geht eine Leuchtkraft aus. Die Blüten der Pflanze leuchteten ›wie Äuglein schön‹, sind wie Sterne in der klaren Nacht. Es folgt in der dritten Strophe das Geständnis des

Mannes, daß er Besitz ergreifen, es brechen wollte. Er denkt sich in die Rolle des die Natur beherrschenden Mächtigen hinein, wird allerdings durch die schüchterne Frage des Wesens in Waldblumengestalt zum Umkehren veranlaßt: ›Soll ich zum Welken gebrochen sein?‹.

Wiederum hebt die Strophe mit ›Ich‹ an: ›Ich grub's mit allen den Würzlein aus…‹. Das signalisiert den Respekt vor dem Wunderbaren, dem Inkommensurablen der Natur, dem Geschöpf, das da nicht einfach ist, sondern das verwurzelt ist. Denn nun gräbt er gleichsam das ausgemachte Umfeld mit aus, verpflanzt samt Würzlein das Blümchen Christiane in den Garten am hübschen Haus. Aber er, der einstens im Walde da so einsam für sich hin ging, sucht nun in eigener Verantwortung einen stillen Ort, um den von ihm initiierten Transplantationsvorgang erfolgreich abzuschließen. Er pflanzt in der die Harmonie herstellenden fünften und letzten Strophe am ›stillen Ort‹ im Garten das Blümlein ein und erfährt: ›Nun zweigt es immer und blüht so fort‹.

Die Freude über den Erfolg des Verpflanzens mindert nicht die in der Bildersprache ausgedrückte Souveränität des Gärtners aus Liebe. Christiane war von Anfang an in seiner Hand, sie hat den Akt der Zivilisierung – vom Schattendasein im Wald zum Auf- und Fortblühen im Garten am hübschen Haus –, auch den Akt des sozialen Aufstiegs, der darin angedeutet ist, nach Goethes Meinung zur Zufriedenheit bestanden.

Wer hat wen gefunden? Nimmt man das Gedicht beim Wort, dann ist es nur einer, der etwas gefunden hat. [...]

Der besitzergreifende Gestus, in dem der inzwischen 48 Jahre alt gewordene Goethe sein ›Gefunden‹ verfaßt hat, mag Christiane gar nicht bewußt geworden sein, sie wird sich gefreut haben, daß derjenige, mit dem sie in einem großen Haus zusammenlebte, an sie gedacht hat.

Ihr war wahrscheinlich nicht im Gedächtnis, daß Goethe ähnliche Gedichte, in denen auch die Begegnungen mit

Pflanzen Symbolkraft gewonnen hatten, die ebenso schlicht wie die Silberhochzeitsgabe gebaut waren und volkstümlichen Liedern zum Verwechseln ähnlich klangen, auch schon als junger Mann verfertigt hatte. Er hatte sie längst vor 1788, vor der Entdeckung im Park zu Weimar, in Zusammenhang mit Begegnungen mit anderen jungen Mädchen, etwa in Straßburg, vor sich hin gedichtet. Da war im Sommer 1771 das ›Heidenröslein‹ entstanden. [...]

Bei genauerem Besehen haben sich seine Aussagen ›durch die Blume‹ verändert. Das Heidenröslein hat Dornen und steht einem ›wilden Knaben‹ gegenüber. Beim jungen Goethe in Straßburg klingt zwischen den Zeilen zwar auch das Thema der schicksalhaften Schuld des Eroberers, der sogar zum Zerstörer wird, an, aber hier gibt es noch eine Gegenwehr des Rösleins, gibt es Abwehrreaktionen, Stiche und Verneinung und am Ende das Brechen des Widerstands durch den männlichen, den mächtigen Part, den Knaben. Wie viel vorsichtiger und fürsorglicher geht der Silberhochzeitler 17 Jahre später mit seinem Waldblümlein um! Allerdings: Es bleibt bei den ungleichen Machtverhältnissen.

Und wenn noch das andere, wegen seiner Pflanzensymbolik sich zum Vergleich anbietende Lied aus den frühen Jahren vom Veilchen auf der Wiese – bis 1800 ohne Überschrift, dann unter ›Ein Veilchen‹ veröffentlicht und vielfach vertont – ebenso danach befragt wird, wie sein Verfasser das Verhältnis des ›herzigen‹, aber gebückt und unbekannt lebenden Veilchens zu dem Wesen sieht, das mit Gesang und Schönheit und der Freiheit der Bewegung ausgestattet ist – hier verkörpert durch die anakreontische Figur der Schäferin –, dann gibt es auch hier ein Oben und ein Unten, ein Mächtiges und ein Gebücktes. Und dieses Ungleichgewicht wird keineswegs skeptisch beobachtet, sondern als schicksalhaft akzeptiert. Das sterbende, zertretene Veilchen ist noch glücklich über die Berührung durch den Fuß der unschuldigen Lichtgestalt.

In beiden Gedichten aus der frühen Zeit von Goethes Liedschaffen mag Dramatik stecken, auch unausgeleuchteter Widerspruch in dem, was sich abspielt. Als Goethe seiner Frau das Gedicht zur ›Silbernen Hochzeit‹ sandte, haben deutlich idyllische Züge die Oberhand gewonnen. Insofern ordnet sich das Gelegenheitsgedicht für Christiane, der er sonst kaum einmal ein Gedicht gewidmet hat, durchaus in den Goetheschen lyrischen Stil der klassischen Jahre ein. Aber trotz aller angezeigten Idyllik sagt das Bild nicht aus, daß zwei Menschen aufeinander zugegangen sind, nein, nur, daß einer ein Wesen gefunden hat, das er nicht beschädigen möchte, weil es ihn erfreut hat.

Das Gedicht ›Gefunden‹ spiegelt einen Strang in Goethes Mentalität. Wenn der Verfasser seiner Frau nach 25 Jahren Zusammenleben durch die Blume sagt, er habe sie entdeckt, er habe sie sorgsam behandelt, habe sie aus der Umgebung des Wildwuchses in den kultivierten Bereich des Gartens geholt, habe ihren Lebensraum erweitert, freue sich an all diesem von ihm veranlassten Geschehen und hege Hoffnung, dass des Gedeihens noch kein Ende sei, dann offenbart er Strophe für Strophe auch ein Stück zeitbedingten männlichen Wunschdenkens. Vom Umgang mit einem abhängigen Wesen ist die Rede, nicht aber von einer gewachsenen und ebenbürtigen Partnerschaft.

Es ist gut zu wissen, daß dieser Entwurf einer Beziehungsdeutung, so gut gemeint er gewesen sein mag, an der Wirklichkeit vorbeiging. Christiane war mehr, als das Bild vom gefundenen und gehegten Blümlein hergibt.«

Klaus Doderer: Johann Wolfgang Goethes »Fundsache«. In: K. D.: Reisen in erdachtes Land. Literarische Spurensuche vor Ort – Essays. München: iudicium, 1998. S. 103–106. – © 1998 IUDICIUM Verlag, München.

ALEXANDER VON BORMANN (geb. 1936) hingegen verteidigt das Gedicht gegen die Abwertung als bloßes ›Gelegenheitsgedicht‹ und auch gegen den Vorwurf, die männliche Rolle sei zu dominant:

»Es steckt mehr Reflexion in diesem Text, als die Lesart ›Gelegenheitsgedicht‹ uns weismachen will. Unter dem Titel *Im Vorübergehn* ist eine Variante zu *Gefunden* überliefert, im Druck zuerst 1827 erschienen, aber vermutlich ein früherer Versuch am Stoff (FA I, 2, S. 475 f.). [...] Als Parodie ist der Text kaum zu werten, ehe er als Vorform: ›Ich ging im Felde / So für mich hin, / Und nichts zu suchen, / Das war mein Sinn‹ (V.1–4). Die folgenden Strophen entwickeln dieselbe Situation, nur daß die Blümchen ausdrücklich auf seine Wurzeln verweist (›Im tiefen Boden / Bin ich gegründet‹; V. 13 f.) und daraus die Forderung ableitet, verpflanzt zu werden – das bleibt in allen Varianten erhalten. Die Blümchenrede nimmt genau die zweite Hälfte des Gedichts in Anspruch. Ob das Ich dem folgt oder nicht, bleibt unentschieden, was der Titel *Im Vorübergehn* ebenso offen läßt. Die Version *Gefunden* geht weiter, läßt das Ich schon auf eine zweizeilige Frage reagieren und erzählt die Geschichte zu Ende. [...] Auffällig ist der gleiche Rhythmus und die Moral: Das Blümchen bittet, nicht gepflückt zu werden, bis es schließlich verwelkt im Beet steht. So läßt sich G.s Lied auch als Antwort auf die von ihm ein wenig noch mitgelebte Anakreontik verstehen: Das Verpflanzen bietet eine erwachsene Lösung gegenüber der juvenilen Alternative von Pflücken und Verwelken. Ein Blick auf die *Metamorphose der Pflanzen* (1799), darin Christiane ausdrücklich figuriert, [...] macht es möglich, das Verpflanzen auch als Tribut an ›den Ring der ewigen Kräfte‹ aufzufassen: ›Daß die Kette sich fort durch die Zeiten verlänge / Und das Ganze belebt, so wie das Einzelne, sei‹ (FA I, 2, S. 197, V 61 f.). Das Gedicht *Gefunden* wird allgemein als Gegentext zum

Lied *Heidenröslein* von 1771 [...] interpretiert, das wiederum auf älteres Liedgut zurückgeht. Bei Paul Schede Melissus heißt es, um 1600: ›Ich thu ein Rose loben / [...] Wolt mich mit ihr verloben‹. G.s Knabe ist sehr viel moderner, setzt (wie etwa Bertolt Brecht) männlich-zynisch voraus, daß es den Frauen immer Spaß macht (›mußt' es eben leiden‹; V. 19) bzw. daß in Naturdingen Macht dem Willen vorgeht. Im Vergleich zu diesem Vergewaltigungslob ist *Gefunden* ein Muster an Zartheit der Empfindung, eine tiefreichende Korrektur der männlichen Haltung, wie sie auch die Entwicklung der *Faust*-Dichtung bezeugt. ›Nichts zu suchen‹ ist eine andere Haltung, nämlich das absichtslose Schlendern des Bürgers, dem sich auch die Wahrnehmung des Naturschönen ergibt; demgegenüber hinterließ das Ausreiten der jungen Edelleute, die auf ›aventiure‹ aus waren, in den frühen Volksliedern regelmäßig gebrochene Herzen.

Alexander von Bormann: ›Gefunden‹. In: Regina Otto / Bernd Witte (Hrsg.): Goethe Handbuch. Bd. 1: Gedichte. (Sonderausgabe.) Stuttgart/Weimar: Metzler, 2004. (Sonderausgabe.) S. 265f. – © 2004 J. B. Metzlersche Verlagsbuchhandlung und Carl Ernst Poeschel Verlag GmbH in Stuttgart.

Gingo biloba

Dieses Baum's Blatt, der von Osten
Meinem Garten anvertraut,
Giebt geheimen Sinn zu kosten,
Wie's den Wissenden erbaut.

Ist es Ein lebendig Wesen?   5
Das sich in sich selbst getrennt,
Sind es zwey? Die sich erlesen,
Daß man sie als eines kennt.

Solche Frage zu erwiedern
Fand ich wohl den rechten Sinn;   10
Fühlst du nicht an meinen Liedern
Daß ich Eins und doppelt bin?

West-oestlicher Divan. Stuttgart: Cotta, 1819. S. 132. – Witte (2001). S. 374.

Entstehung und Erstdruck

Die Niederschrift der zweiten Strophe lässt sich wohl auf den 15. September, das ganze Gedicht auf den 27. September 1815 datieren. Goethe war zu dieser Zeit in der Rhein- und Maingegend unterwegs und traf am 15. September mit Sulpiz Boisserée (1783–1854) in der nahe Frankfurt am Main gelegenen Gerbermühle zusammen. Der notierte, Goethe habe Marianne Willemer (1784–1860) das Blatt eines Gingko-Baumes geschickt und mit diesem die Frage

Ginkgo biloba.

Dieses Baums Blatt, der von Osten
Meinem Garten anvertraut,
Giebt geheimen Sinn zu kosten,
Wie's den Wissenden erbaut.

Ist es Ein lebendig Wesen,
Das sich in sich selbst getrennt,
Sind es zwey, die sich erlesen,
Daß man sie als Eines kennt.

Solche Frage zu erwidern
Fand ich wohl den rechten Sinn,
Fühlst du nicht an meinen Liedern,
Daß ich Eins und doppelt bin.

d. 15. S. 1815

Ginkgo biloba, mit aufgeklebten Gingko-Blättern

verbunden, man wisse nicht, ob es eines sei, das sich in zwei Teile gliedere, oder zwei, die sich zu einem verbinden. Aus dieser Notiz lässt sich schließen, dass mindestens die zweite Strophe schon in einer ersten Version vorgelegen haben könnte. Nachdem Goethe und Boisserée nach Heidelberg gereist und dort vom 23. bis zum 26. September von Marianne Willemer und ihrem Mann Johann Jakob besucht worden waren, sandte Goethe am 27. September an Rosine Städel, eine enge Vertraute Marianne Willemers, einen Brief, in den der Gedicht-Text eingeschoben war.

Marianne Willemer, geb. Jung, hatte Jakob von Willemer im September 1814 geheiratet, nachdem sie Goethe schon begegnet war. Eine intensive Beziehung zwischen dem Dichter und der jüngeren Bankiersgattin, die in Österreich geboren war, aber schon länger bei Willemer in Frankfurt gelebt hatte, entwickelte sich aber erst im Sommer 1815, als Goethe sich, wie schon im Jahr vorher, in der Rhein- und Maingegend aufhielt. Marianne bekam von Goethe Liebesgedichte zugesandt und beantwortete diese mit eigenen Versen. Dieser Austausch mündete in der Abfassung des *Buches Suleika*, dem Kernstück des *West-östlichen Divan* Goethes. Im Freundeskreis las man diese Rollenlyrik zwischen Jussuf und Suleika vor. Mariannes Ko-Autorschaft wird in der Buchpublikation nicht erwähnt, kann aber aus Briefen und verschiedenen Tagebuchaufzeichnungen leicht rekonstruiert werden. Das Gingko-Gedicht schickte Goethe zwar nur Mariannes Vertrauter Rosine Städel, er konnte jedoch sicher davon ausgehen, dass sie es Marianne weiterleiten würde. Nach dem 26. September 1815 sah Goethe Marianne nicht wieder, der Briefkontakt hielt aber noch nach dem Erscheinen des *Divan* an.

Goethe hatte, vermutlich am 18. Mai 1814, von seinem Verleger Cotta eine Übersetzung des *Divan* des persischen Dichters Hafis geschenkt bekommen. Davon angeregt, begann er schon 1814 mit teilweise auch scherzhaften

Gedichten nach östlichem Stil. Während des folgenden
Jahres arbeitete er immer weiter an einer Zusammenstel-
lung, die schließlich die umfangreichste in sich geschlosse-
ne Gedichtsammlung in seinem Œuvre werden sollte.
Nach einer Ankündigung der ganzen Sammlung im Februar 1816 publizierte Goethe eine Auswahl von zwölf
Gedichten im *Taschenbuch für Damen auf das Jahr 1817*
unter dem Titel *West-oestlicher Divan: versammelt von
Goethe in den Jahren 1814 und 1815*. Die Sammlung wurde jedoch vom Publikum ungünstig aufgenommen: Die
meisten Leserinnen und Leser konnten mit dieser Art zu
dichten nichts anfangen, da ihnen die Vorbilder und Kontexte, auf die die Texte anspielten, kaum geläufig waren.
Aus diesem Grunde reagierte Goethe mit Erläuterungen
zu *Besserem Verständniß*, die in der eigenständigen Veröffentlichung des ganzen Gedichtbuches 1819 enthalten waren. Aber auch dieser historisch ausgerichtete Kommentar
konnte das breite Publikum zunächst nicht für die Sammlung einnehmen. Nur die näheren Bekannten Goethes äu-
ßerten sich in Briefen enthusiastisch, die Rezensenten
zeigten aber kaum Verständnis, sondern formulierten
deutlich ihre Ablehnung. Im Kontext der Rückbesinnung
auf alte deutsche Volkspoesie, wie etwa die der Märchen-
sammlung der Brüder Grimm, schien ein Anknüpfen an
orientalische Vorbilder, wie Goethe es hier versuchte,
kaum zeitgemäß. Als eine der wenigen Ausnahmen zollte
Heinrich Heine den Gedichten Respekt. Trotzdem scheint
Goethe mit seiner Sammlung wieder einen literarischen
»Trend« gesetzt zu haben, der mit den *Ghaselen* August
von Platens oder den *Östlichen Rosen* Friedrich Rückerts
aufgegriffen und fortgesetzt wurde.
Gingo biloba erschien gedruckt im »Buch Suleika« im
Rahmen des *Divan*. Einem Brief vom 10. März 1820 an
den Herzog Carl August legte Goethe nochmals eine Abschrift des Gedichts mit zwei aufgeklebten Gingko-Blättern bei (zit. als »Hs. Ginkgo 1820«).

Zeilenkommentar

[Titel] *Gingo biloba:* (Hs. Ginkgo 1820:) »Ginkgo«. Der
  Gingko-Baum wurde erst im 18. Jahrhundert aus Ja-
  pan nach Europa eingeführt und faszinierte die Bota-
  niker nicht nur wegen seiner außergewöhnlichen Blatt-
  form. Der in Asien seiner Heilkraft wegen geschätzte
  Baum erwies sich darüber hinaus als beliebter Exot in
  den Parks und Gärten.

3 *geheimen Sinn:* Als Integumentum zu verstehen. Man
  geht in der mittelalterlichen Bibelexegese lange davon
  aus, dass man hinter dem Wortsinn noch einen zweiten, versteckten Sinn finden könne, so wie das reale Jerusalem eben auch das himmlische Jerusalem, also den
  Ort des ewigen Lebens meine. Diese Art der Lektüre
  wird im Zuge der fortschreitenden Säkularisation in
  der Philologie immer weiter auf andere Texte, besonders lyrische Dichtung, ausgedehnt. In seinem Brief an
  Rosine Städel spielt Goethe auf diese Technik der
  mehrstimmigen Schriftauslegung an.

8 *eines:* (Hs. Ginkgo 1820:) »Eines«.

12 *Daß ich Eins und doppelt bin?:* Nicht eindeutig auflösbar, denn einerseits kann damit auf die Anknüpfung an
  die Lyrik des persischen Hafis angespielt werden, der
  dem späteren Goethe Form, Tonfall und Inhalte vor-
  gegeben hat. Andererseits könnte damit aber auch auf
  die Verwendung von Mariannes Texten im Buch Suleika auf versteckte Weise angespielt werden.

Metrische und rhythmische Besonderheiten

Ähnlich wie die meisten *Divan*-Gedichte ist auch *Gingo
biloba* in Strophen bzw. liedhaft regelmäßig gebaut. Drei
Strophen aus vier kreuzgereimten Versen im Trochäus mit
alternierender Kadenz lassen sich festhalten. Diese forma-

le Schlichtheit entspricht dabei den Forderungen der
Form der Rollenlyrik, die das ganze Buch prägen. Die
Gedichte sind bewusst in dieser Form gehalten, um den
Tonfall der persischen Lieder nachzuahmen und eine dem
Gesang ähnliche Grundhaltung nahezulegen. Dass es
Goethe dabei nicht um spezifische orientalische Vers- und
Gedichtformen, sondern um eine Mündlichkeit bzw. die
Vortragssituation assoziierende Liedhaftigkeit ging, ergibt
sich aus der Wahl der Metren. In diesem Fall ermöglicht es
der Trochäus, Fragen in das metrische Schema zu integrieren, da das betonte erste (Frage-)Wort auf den Versanfang
fällt. Die kleine Abweichung im siebten Vers – »Sind es
zwey?«, wenn nach dem Fragezeichen und der damit im-
plizierten kleinen Zäsur auch eine betonte Silbe folgen
könnte, wird überspielt, indem die nachfolgende, eindeu-
tige Betonung auf »sich« die aktive Beidseitigkeit der
Wahl hervorhebt.

Forschungsstimmen

GERHART VON GRAEVENITZ (geb. 1944) entdeckt in Goethes *Divan* eine Poetik der Arabeske. Er geht bei seiner
Studie von seinem Blick aus, wie er sich in den Texten
wiederfinden lässt, und kann so eine Anknüpfung an orientalische Poesie auf mehr als einer Stufe finden:

»Wenn Linearperspektive tatsächlich ein metaphorisches
Modell der hermeneutischen Transparenz sein soll, dann
muß sichtbar gemacht werden, daß die besonderen linear-
perspektivischen Techniken, die auf dem opaken [un-
durchsichtigen] Malgrund die Fiktion der Transparenz erzeugen, daß sie ihre Entsprechungen in den Themen und
Strukturen der poetischen Transparenz haben. Der spezifische Konstruktivismus der Linearperspektive, die Geometrie der Elemente, müßte in den *Divan*-Texten nach-

weisbar sein, und es müßte deutlich werden, daß die Geometrie der Elemente sich auf medienspezifische Vorgänge der Projektion und der Transformation bezieht.

Um Raumgebilde linearperspektivisch auf die Fläche projizieren zu können, müssen sie geometrisch transponiert werden. Die Perspektivisten entdeckten, daß mit denselben Transformationsgesetzen, die die Projektion ermöglichten, Veränderungen und Bewegungen des Räumlichen, ja die Formgesetze alles Körperlichen überhaupt zu beschreiben waren. Die Transformationsgeometrie verdoppelte sich, sie ließ Körperformen sich selbst nach denjenigen Gesetzen verändern, mit deren Hilfe sie dargestellt wurden. Die Veränderung und Bewegung des Körperlichen war materialisierte und naturalisierte linearperspektivische Projektionsgeometrie.

[...]

Projektion ist hier recht wörtlich zu nehmen und hat einen doppelten Sinn. In der Projektion des Spiegelbildes projiziert sich das Ich ins Bild der Geliebten, das als Bild im geschmückten Bilderrahmen festgehalten wird. Zugleich ist der optische Spiegelungs- und Projektionsvorgang wieder Analogon zum Schreiben. Dichten ist aufzufassen als ›Projektion‹ von Sinn ins Medium der Schrift. Auch die folgenden Gedichte im ›Buch Suleika‹ umschreiben die Spiegelmetaphorik des Abbilds und der Projektion.

[...]

Es sind Variationen der Abdrucksmetaphorik der *vera icon*, der Eins-zu-eins-Reproduktion, mit der das Zwillingsverhältnis der beiden *Divan*-Dichter, Hafis und Goethe, bezeichnet worden ist. Die transparente Intertextualität des poetischen Dichterdialogs Hafis-Goethe wiederholt sich im ›Buch Suleika‹ als Liebesdialog in den zahlreichen Rede- und Gegenrede-Gedichten. Auch im ›Buch Suleika‹ geht es dabei um eine Dialogizität der Verfasserschaften, wie im ›Buch Hafis‹. Gedichte Marianne von Willemers sind in den Text aufgenommen worden, ohne daß die Urheberschaften gekennzeichnet wären. Wie sich der Dichter des Goetheschen *Divans* ins Bild des Hafis verwandelt, so schieben sich der Autor und die Autorin des »Buchs Suleika« zu einer Dichterinstanz ineinander, einerseits als Dialogrollen ›Suleika‹ und ›Hatem‹ getrennt, andererseits als gemeinsame Autorfiktion ungeschieden.

[...]

Das ›Buch Suleika‹ spricht auch von den Techniken der intertextuellen Spiegelprojektion, einer Chiffriertechnik, die der Hafisschen Koran-*memoria* nahe verwandt ist. Koran-Festigkeit und Bibel-Festigkeit erlauben, wenn sich ihrer zwei gleich ›feste‹ Gesprächspartner bedienen, in Zitaten und Anspielungen eine witzige Konversation zu halten. Neben dem Reiz der Gedächtnis-Virtuosität und des geistreichen Assoziationsspiels gibt diese Art der Konversation den Dialogpartnern das Gefühl gesteigerter Gemeinsamkeit, denn ihre Verkehrssprache schließt alle Unwissenden vom Verstehen aus. Die Koran- und Bibelfestigkeit kann durch Dichterkenntnisse ersetzt werden. [...]

Schließlich, und das war der Fall von Goethe und Marianne von Willemer, läßt sich ein Dichter-Œuvre verabreden, in dessen Formulierungen die eigenen Gedanken ausgetauscht werden. [...]

Die Werke des Hafis als Chiffriercode erhöhen die Gemeinsamkeit der Liebenden. Die Identität des Dialogmediums erlaubt jene Angleichung der Liebenden, die sie wie Zwillinge, wie Spiegelbilder des einen im anderen erscheinen lassen. Die Werke des Hafis werden zum Projektionsmedium, das im Du das Bild des Ich sich spiegeln läßt.«

Gerhart von Graevenitz: »Das Ornament des Blicks. Über die Grundlagen des neuzeitlichen Sehens, die Poetik der Arabeske und Goethes ›West-östlichen Divan‹. Stuttgart/Weimar: Metzler, 1994. S. 141–144. – © 1994 J. B. Metzlersche Verlagsbuchhandlung und Carl Ernst Poeschel Verlag GmbH in Stuttgart.

Siegfried Unseld (1924–2002) interpretiert das Gedicht
im Kontext des realen Ginkgo-Baumes und dessen Geschichte in Europa. Für die Deutung des Gedichtes konzentriert er sich auf den Zusammenhang der Entstehung
und der Liebesbeziehung Goethes und Marianne von Willemers, geht dabei aber auch auf die dem Text innewohnende Poetologie ein:

»Im Brief an Rosine Städel spielt Goethe sein Divan-Spiel:
›Hiermit nun, liebe Rosette, überliefre ich Ihnen [das Ge-
dicht] mit den sämtlichen Geheimnissen der neuern Philologie, auch meine eignen, zu beliebigem Privatgebrauch.‹
Der Hinweis erlaubt im Hinblick auf die Entstehung, auf
die Gespräche in der Gerbermühle, auf Heidelberg, auf
die Stellung des Gedichts im ›Buch Suleika‹ jedenfalls eine
doppelte Auslegung, eine erotische wie eine poetisch-her-
meneutische, sein Werk, sein Dichten im ganzen betref-
fend.
Das Gedicht, in drei Strophen zu jeweils vier Versen in
vierhebigen Trochäen, thematisiert den Auftrag des
Schriftstellers. Die erste Strophe fragt nach dem ›geheimen
Sinn‹ dieses ›Baum's Blatt‹, eine auffallende, deiktische Alliteration. Die zweite Strophe formuliert das Paradox von
Einheit und Zweiheit als Rätsel. In der dritten Strophe
dann – als Antwort auf den ›geheimen Sinn‹ – der ›rechte
Sinn‹, die Auflösung des Rätsels.
Doch in allen Stadien verwebt sich Lebensgeschichtliches.
Zwei Liebende werden im Akt des Liebens eins, und doch
weiß Hatem, weiß Goethe, daß Zweisamkeit immer auch
Einsamkeit bedingt. So wie das Blatt, das sich nach Goethe teilen möchte, trennt, um sich doch im Doppel als
Ganzes zu verstehen. Zwei als eines? ›Solche Frage‹ zu erwidern ist der Sinn des Gedichts. Kein Zufall, daß hier
›bin‹ und ›Sinn‹ als Reimpaar korrespondieren. Und Ha-
tems – Goethes – Antwort kommt sogleich. Mit dem einfachen Versschema, dem Trochäus (griech. trochaios =

Läufer), mit einfachen Kreuzreimen, mit reflexiven, eigentlich trockenen Fügungen, die kaum mit Adjektiven geschmückt sind und denen Goethes sonstige Farbigkeit fehlt, stürzt das Gedicht auf die letzte Zeile: Fühlst du, Leser, fühlst du, Marianne, nicht an dem, was ich schreibe, ›daß ich Eins und doppelt bin?‹

Er ist der Liebende und der Geliebte, aber gleichzeitig ist er der Dichter, der in seinen Liedern, in seinen Gedichten, in seinen Werken existent ist. – Ist er nur in seinen Liedern existent? Nicht als Liebender und Geliebter? Ist er so ›Eins und doppelt‹? Das Ich, das Subjekt, und das Er, das Objekt seines Werks.

Auch sie ist Liebende und Geliebte. Doch während Goethe als Stratege seines Lebenskunstwerks in Extremsituationen das Prinzip Distanz kennt, vor Bindungen zurückschreckt, im wahrsten Sinne des Wortes weg-geht, entsagt, doch immer zu neuem Erleben bereit ist, so wenn er bei der Rückfahrt am 7. Oktober in Hardheim beim Mittagessen ein ›junges, frisches Mädchen‹ sieht und küßt – ist Marianne verzweifelt, sie stürzt in Depressionen und Krankheiten. Sie hat den Anteil an Phantasie, den Goethe einbrachte, nicht erkannt und deshalb die Grenze zwischen Fiktion und Wirklichkeit nicht respektieren können. Er hatte sie als Suleika zum Stern der Sterne erhoben – so mußte ihr Fall tief sein, als Goethe aus ihrem Leben entschwand.«

Siegfried Unseld: Goethe und der Ginkgo. Ein Baum und ein Gedicht. Frankfurt a. M. / Leipzig: Insel Verlag, 1998. S. 62 f. – © Insel Verlag, Frankfurt am Main 1998.

DETLEF KREMER (geb. 1953) geht vom Dualismus aus, den er in Goethes Gedicht gestaltet sieht. In allegorischer Weise findet er Gegensätze wie Natur – Kunst, Schrift – Sprache, private und literarische Kommunikation, aber auch Einzelgedicht und lyrischer Zyklus im Text angelegt.

»In Überschrift und erster Zeile beansprucht dieses Gedicht, ein Naturblatt zu sein, und zwar eines des zweilap-
pigen Fächerblattbaums. Es spielt mit der metaphorischen
Vorstellung, als sei es dem ›Buch Suleika‹ des *West-östlichen Divan* eingelegt, wie man Blätter in Bücher einfügt.
um sie zu pressen oder um an ihnen ein Lesezeichen zu
haben. Die ursprüngliche Form des Textes, kalligraphische
Handschrift auf einem einzelnen Blatt Papier, in der Reinschrift mit dem Datum des 15. September 1815 versehen,
kann diese Metapher selbstverständlich besser tragen. In
der Druckfassung des *Divan* geht der Einzelblattcharakter
und damit die Metapher ein Stück weit verloren. Goethes
Gedicht beansprucht, Natur zu sein, und räumt gleichzeitig ein, Poesie zu sein, poetische Metamorphose des Ginkgo-Blattes.
Hier bereits stößt die Lektüre dieses Blattes auf die erste
Doppelung in einem Text, der sich als poetisch verstellte
Theorie der Doppelung anbietet. [...]
Das Einzelblatt kann nur im Kontext des ›Buches Suleika‹
seinen Anspielungsreichtum entfalten. Isoliert man es, fallen zahlreiche seiner semantischen Anschlußmöglichkeiten
aus. Seine vagen Anspielungen hängen über so viele Fasern
mit dem erotischen Thema des gesamten ›Buches Suleika‹
zusammen, daß man die Ausgangsmetapher nicht vor-
schnell aufgeben, sondern es als metaphorisches Lesezeichen behandeln sollte, das als hermeneutische Orientierung durch den Gesamttext dienen kann. Dabei muß aber
von Anfang an klar sein, daß dieses Gedicht die Funktion
eines Lesezeichens nicht mehr im Sinne einer symbolischen
Selbstauslegung erfüllt. Der im dritten Vers versprochene
›geheime Sinn‹ tendiert nicht auf symbolische Offenba-
rung. Seine Konnotation mit den ›Wissenden‹ in Zeile vier
macht eine Voraussetzung, die ein allegorisches Lesezeichen erwarten läßt, das entsprechend einer differentiellen
Zeichenstruktur untersteht. *Gingo biloba* ist weniger Lie-
bes- oder Erlebnislyrik als Gedankenpoesie und Reflexi-

onsfigur, die so gehalten ist, daß sich eine erotische Beziehung erst über den Kontext einstellt.

Die selbstreflexiv-allegorische Engführung des ›Buches Suleika‹ kann von der morphologischen Gestalt des Gingo-Blattes und einigen Merkmalen seiner Physiologie ausgehen. Seine umrißhafte Herzform prädestiniert es zum Emblem der Liebe. An die Tatsache, daß es durch einen tiefen Riß der Länge nach eingekerbt ist, knüpft der Text die Beobachtung einer Unsicherheit: Handelt es sich um eine ursprüngliche Einheit, die auseinandergebrochen ist? Oder sind hier zwei ursprünglich getrennte Teile zusammengewachsen? Daß diese Unsicherheit im Gedicht nicht aufgelöst, sondern umgekehrt semiotisch genutzt wird, um die Ambivalenz des ›Eins-und-Doppelt‹ auszuspielen, legt die allegorische Anlage des Textes nahe. Es entsteht ein poetisches Reflexionsbild des platonischen Liebes- und Geschlechter-Mythos, das entsprechend beide Momente in einer spannungsvollen Einheit enthält: Die ursprüngliche Einheit hat sich verloren und erlaubt allererst die Liebe als Möglichkeit einer erneuten ideellen Einheit, die immer auch eine Zweiheit bleibt.«

An dieser Stelle geht Kremer kurz auf den Entstehungskontext ein, da das Gedicht ja zunächst in einem Brief Goethes an Marianne v. Willemer geschickt wurde.

»Zwischen [einer] biographisch interpretierbaren privaten Kommunikation und dem veröffentlichten *Divan*-Gedicht tut sich jedoch eine unüberbrückbare Kluft auf. Der briefliche Austausch zwischen Liebenden ist darauf ausgerichtet, wie es in *Geheimschrift* heißt, ›ins Gleiche gestellt‹ zu werden, also eindeutig entziffert zu werden. Als Literatur hingegen erhebt die erotische Botschaft den Anspruch, eine doppelte Geheimschrift zu sein, eine, die sich nicht in einer zufälligen biographischen Konstellation auflösen läßt, sondern darüber hinaus als autonome Gestalt

poetischer Differenzen überdauert. In poetischer Gestalt
entwickelt die ›Geheimschrift‹ eine kontinuierliche doppelte Bewegung, die gleichzeitig offenbart und ver-
schweigt. Der ›geheime Sinn‹ des *Gingo*-Blattes läßt sich
nicht über einen bestimmten Code identifizieren, sondern
er besteht gerade darin, wie es die letzte Zeile des Gedichtes sagt, die unaufhebbare Ambivalenz von ›Eins und doppelt‹ fortzuschreiben.

Neben dem erotischen Sinn entfaltet *Gingo biloba* seine
allegorische Qualität als Lesezeichen des *Divan* noch in
einem weiteren Sinn. Die intertextuelle Anlage des gesamten Bandes pointiert das Blatt der Natur, da es Ver-
sammlung – so die Bedeutung des persischen *dīwān* – von
Osten und Westen ist. Synekdochisch für Poesie und Kalligraphie des Ostens wird dieses Blatt im Abendland
(›Dieses Baum's Blatt, der von Osten / Meinem Garten
anvertraut‹, 1 f.) kultiviert. Ebenso synekdochisch entfaltet
es seine hermetische Qualität (›geheimen Sinn zu kosten‹,
3) erst im Raum abendländischer Intertextualität. ›Garten‹
zitiert jene alteuropäische Raummetapher, in der Natur,
Liebe und Poesie sich wechselseitig bedeuten. Daß es –
bildlich gesprochen – östliche Pflanzen sind, die im alt-
europäischen Garten ›geheimen Sinn‹ erzeugen, ist in den
ersten beiden Dekaden des 19. Jahrhunderts wahrlich kein
Einzelfall und bleileibe kein Zufall.

[...]

Walter Benjamins auf »barocke Vielwisserei« gemünzte
Aussage: ›Denn nur für den Wissenden kann etwas sich als
allegorisch darstellen‹,[1] wird in der ersten Strophe von
Gingo biloba ausdrücklich vorweggenommen. Da moderne literarische Allegorien jedoch nicht an der »Umsetzung
eines Begriffs in ein Bild« arbeiten, sondern an der »suk-
zessiven Aufladung eines Bildes mit Bedeutung«,[2] er-

---

1 Walter Benjamin, *Gesammelte Schriften*, hrsg. von Rolf Tiedemann und
  Hermann Schweppenhäuser, Frankfurt a. M. 1980, Bd. 1.1, S. 403.
2 Horst Meixner, *Romantischer Figuralismus*, Frankfurt a. M. 1971

schöpft sich dieses Wissen, dieser »geheime sinn«, nicht
im einmaligen Nachschlagen in einem verbindlichen enzy-
klopädischen Katalog der Bedeutungen, wie dies für ältere
allegorische Verfahren der Renaissance oder des Barock
tendenziell gilt. Zwischen symbolischer Selbstoffenbarung
und emblematischer Eindimensionalität bestehen moderne
Allegorien auf der unaufhebbaren semiotischen Doppelstruktur der literarischen Schrift, die zwischen Präsenz
und Entzug in der Schwebe bleibt und Sinn als einen Pro-
zeß des Verschiebens entwirft. Ihre komplexe Gestalt im
West-östlichen Divan schafft darüber hinaus Anschlußmöglichkeiten für hermetisches Wissen und versteckte
Traditionsspuren, für die neben der ornamentalen Ara-
beskenmalerei und der Theorie der Perspektive in der Renaissance, neben Neuplatonismus, Alchemie und christlicher Mystik vor allem die unterschiedlichen Sprach-
und Schriftkonzepte im Divan hervorzuheben sind.
Wichtiger noch als die hebräische Vorstellung der Ur-
oder Namensprache und der ornamentalen persischen
Kalligraphie ist in *Gingo biloba* – die Pflanze als Titel und
allegorischer Gegenstand des Gedichtes legt es bereits
nahe – die hermetische Tradition der Naturschrift. Denn
Gingo biloba endet mit einer Übertragung des zentralen
Charakteristikums des Ginkgo-Blattes, ›Eins und doppelt‹
zu sein, auf den Sänger und seine ›Lieder‹ und mithin auf
die poetische Schrift. Greifbar wird die Naturschrift in der
Vorstellung vom Buch der Natur, deren sprachliche Zeichenstruktur in christlicher Tradition auf den göttlichen
Schöpfungsakt als Bezeichnung der Dinge zurückgeht. Es
basiert auf einer ganzheitlichen Sicht der Natur als Buch,
in dem sich die vier elementaren Bereiche der Natur
wechselseitig indizieren. Auf dieser Ganzheitlichkeit der
Natur hat Goethe gegen die neuzeitliche Naturwissenschaft und wiederum im Einklang mit romantischer Na-
turphilosophie in allen seinen naturkundlichen Schriften
bestanden. In Anspielung auf seine botanische Suche nach

der Urform der Pflanze könnte man *Gingo biloba* als eine Art poetisch-erotische Urpflanze umschreiben. die Äquivalenz der elementaren Naturbereiche wird durch die Einheitlichkeit der Naturschrift garantiert. Dabei handelt es sich allerdings um verborgene Äquivalenzen, denn sie sind in der babylonischen Sprachverwirrung verschüttet worden. An diesem Punkt bietet sich die Poesie, die romantische so gut wie die Goethesche, als Medium der sprachlichen Neuschöpfung an, das diese verborgenen Äquivalenzen wieder zu entziffern erlaubt. Bei aller ästhetischen Selbstreflexion inszeniert sich die ornamentale Schriftpraxis des *West-östlichen Divan* selbst als Natur, als Blatt des Ginkgo-Baumes im Fall des vorliegenden Gedichtes oder als arabeskes, filigranes Rankenwerk im *Divan* insgesamt. Anliegen ist es, die Natur im Raum des Imaginären neu zu schaffen und als sinnvollen Zeichenzusammenhang zu sichern. Die Beziehung zwischen Natur und Kunst wird im Divan wiederholt und bevorzugt als Metamorphose beschrieben. Natur und Subjekt werden in den imaginären Raum der Poesie verwandelt, was durchgängig als Spiritualisierung, Veredelung und vor allem auch als Verewigung des Dinglich-Körperlichen begriffen wird. [...]

[D]er Hinweis auf die allegorische Doppelstruktur in *Gingo biloba* beansprucht durchgängige Geltung auch in dem Sinne, daß Poesie der Doppelung in Stimme und Schrift untersteht. Denn die Rede und der Gesang mögen die Lebendigkeit für sich haben, über Dauer verfügen sie im Gegensatz zur Schrift nicht. Zur Traditionsbildung fähig und dem Werden und Vergehen der Natur und der Geschichte enthoben ist Goethes östliches Ginkgo-Blatt erst von dem Moment an, wo es sich in das beschriebene Blatt der Kunst verwandelt hat, das, um die Relation der Metamorphose zu bedenken, den gleichen Namen trägt wie das grüne, tief gespaltene Doppelblatt des Ginkgo-Baumes. Da es sich um Liebeslyrik und in einem tieferen Sinne um erotische Schrift, besser noch um eine Schrift-

Erotik handelt, kann sich die schriftgewordene Liebe des
Gedichts als Figur der Dauer und der Distanz behaupten,
die die tatsächliche Liebesbeziehung reflexiv steigert und
mit der dauerhaften Möglichkeit ausstattet, aus der Ferne
beliebig wiederholt und aktualisiert werden zu können.
Den Verwicklungen der tatsächlichen Liebesbeziehung zu
seiner jungen Geliebten entzog sich Goethe übrigens, indem er am 7. Oktober 1815 überraschend aus Heidelberg
abreiste und damit den Weg ebnete für eine Metamorphose der Liebe / des Lebens in Poesie. Im Schrift geworde-
nen, allegorisch verdoppelten Ginkgo-Blatt verbindet sich
das Bild der Liebe und Geliebten mit der Erinnerungs-
funktion der poetischen Schrift. Und nur in dieser verfügt
die Liebe über das, was sie im Handeln niemals erreicht:
Dauer.«

Detlef Kremer: Ein allegorisches Lesezeichen des
West-östlichen Divan. In: Bernd Witte: Interpreta-
tionen. Gedichte von Johann Wolfgang Goethe.
Stuttgart: Reclam, 1998. S. 217–230.

Urworte. Orphisch

ΔΑΙΜΩΝ

Wie an dem Tag der Dich der Welt verliehen
Die Sonne stand zum Gruße der Planeten,
Bis alsobald und fort und fort gediehen
Nach dem Gesetz wonach Du angetreten.
So mußt du seyn, Dir kannst Du nicht entfliehen,   5
Das ändern nicht Sibyllen, nicht Propheten;
Und keine Zeit und keine Kraft zerstückelt
Geprägte Form die lebend sich entwickelt.

ΤΥΧΗ,

Die strenge Grenze doch umgeht gefällig
Ein Wandelndes, das mit und um uns wandelt;   10
Nicht einsam bleibst Du, bildest Dich gesellig,
Und handelst wohl so wie ein andrer handelt.
Im Leben ist's bald hin- bald wiederfällig,
Es ist ein Tand und wird so durchgetandelt.
Schon hat sich still der Jahre Kreis geründet,   15
Die Lampe harrt der Flamme die entzündet.

ΕΡΩΣ

Die bleibt nicht aus! – Er stürzt vom Himmel nieder,
Wohin er sich aus alter Oede schwang,
Er schwebt heran auf luftigem Gefieder
Um Stirn und Brust den Frühlingstag entlang,   20
Scheint jetzt zu fliehn, vom Fliehen kehrt er wieder,
Da wird ein Wohl im Weh, so süß und bang.

Gar manches Herz verschwebt im Allgemeinen,
Doch widmet sich das Edelste dem Einen.

ΑΝΑΓΚΗ,

25 Da ist's denn wieder wie die Sterne wollten:
Bedingung und Gesetz und aller Wille
Ist nur ein Wollen, weil wir eben sollten
Und vor dem Willen schweigt die Willkühr stille;
Das Liebste wird vom Herzen weggescholten,
30 Dem harten Muß bequemt sich Will und Grille.
So sind wir scheinfrey denn, nach manchen Jahren,
Nur enger dran als wir am Anfang waren.

ΕΛΠΙΣ

Doch solcher Grenze, solcher ehrnen Mauer
Höchst widerwärtge Pforte wird entriegelt,
35 Sie stehe nur mit alter Felsendauer!
Ein Wesen regt sich leicht und ungezügelt.
Aus Wolkendecke, Nebel, Regenschauer
Erhebt sie uns, mit ihr durch sie beflügelt,
Ihr kennt sie wohl, sie schwärmt nach allen Zonen;
40 Ein Flügelschlag! und hinter uns Aeonen.

Zur Morphologie. Bd. 1,2. Stuttgart/Tübingen: Cotta, 1820. S. 97–
99. – Witte (2001) S. 422–424.

Entstehung und Erstdruck

Die griechische Mythologie beschäftigte Goethe seit seiner
Kindheit, gehörte das Wissen darum doch zum Kernbe-
stand der Bildung. Im Jahr 1817 nahm seine Beschäftigung
mit dem Thema einen anderen Charakter an. Während in
einer frühen Phase die Hymnen und Oden des Sturm und
Drang vor allem Figuren von Göttern und Helden aufnah-
men, wandte sich der Dichter nun der vorsokratischen Philosophie bzw. der Orphik zu. So bezeichnete man Sprüche,
die zwar ohne Verfasserangabe gesammelt, nach antiker
Tradition aber dem mythologischen Sänger Orpheus zugerechnet wurden. Lassen sich die fünf lebensbestimmenden
Prinzipien, wie sie im Gedicht die Strophen betiteln, auch
klar der Philosophie des alten Goethe zuordnen, so erweist
sich der Text jedoch als auf einen konkreten Anlass hin geschrieben. Ende September 1817 bekam Goethe von Georg
Friedrich Creuzer (1771–1858), einem Mythenforscher, den
er während der Reise in die Rhein- und Maingegend im
Sommer 1815 kennengelernt hatte, dessen *Briefe über Ho-
mer und Hesiodus, vorzüglich über die Theogonie* zugesandt, die dieser mit dem Altphilologen Gottfried Hermann
(1772–1848) ausgetauscht und 1817 publiziert hatte. Im selben Jahr waren auch *Georg Zoegas Abhandlungen* von
Friedrich Gottlieb Welker (1784–1868) erschienen, die
Goethe am 7. Oktober intensiv studiert hat, wie eine Tage-
bucheintragung zeigt. Am nächsten Tag vermerkt er dann:
»Fünf Stanzen in's Reine geschrieben« (WA III,6, S. 119).
Damit sind eindeutig die *Urworte. Orphisch* bezeichnet.
Zunächst sandte Goethe das Gedicht an einige Vertraute,
bevor er es 1820 in seiner Zeitschrift *Zur Morphologie* publizierte. Mit leichten Varianten nahm er es im selben Jahr
in *Über Kunst und Alterthum* (im Folgenden zit. als:
»ÜKA 1820«) auf. Schließlich wurde der Text in der Rubrik »Gott und Welt« in die Ausgabe letzter Hand von
1827 aufgenommen.

Joseph Karl Stieler: Bildnis Johann Wolfgang Goethe, 1828

Zeilenkommentar

[Titel] *ΔAIMΩN:* Daimon, Dämon; (ÜKA 1820:) »ΔAIMΩN, Dämon«, ergänzt die griechischen Überschriften der Strophen jeweils um eine (teilweise auch schon deutende) Übersetzung.

3 *und fort und fort:* Die parallelen Fügungen (vgl. V. 6: nicht Sibyllen, nicht Propheten) unterstreichen das Ewige und Gesetzhafte.

6 f. *Das ändern ... zerstückelt:* (ÜKA 1820:) »So sagten schon Sibyllen, so Propheten; / Und keine Zeit und keine Macht zerstückelt«.

6 *Sibyllen:* weissagende Frauen der antiken Mythologie, sie werden häufiger mit den Propheten des Alten Testamentes in Verbindung gebracht.

8 *Geprägte Form ... lebend:* Vgl. Goethes Überlegungen zum Urphänomen bzw. seine Idee, dass eine Urform, sei es von Pflanze oder Tier, sich in ständiger Metamorphose entwickle (vgl. Metamorphose der Pflanzen, Metamorphose der Tiere).

[Titel nach V. 8] *TYXH:* tyche, Fortuna; (ÜKA 1820:) »TYXH, das Zufällige«.

14 *durchgetandelt:* im Sinne von ›durchgespielt‹ ohne negative Konnotation; die figura etymologia (»Tand ... durchtandelt«) unterstreicht die gleichmäßige, immer wiederkehrende Aktivität.

16 *Flamme:* Die Feuermetaphorik verweist hier wie häufig auf das Phänomen der Liebe, vgl. die letzten beiden Verse der fünften *Römischen Elegie*.

[Titel nach V. 16] *EPΩΣ:* Eros, Liebe; (ÜKA 1820:) »EPΩΣ, Liebe«.

18 *aus alter Oede:* Der Liebesgott Eros galt als Sohn des Chaos.

[Titel nach V. 24] *ANAΓKH:* Ananke; (ÜKA 1820:) »ANAΓKH Nöthigung«.

26 *Bedingung ... Gesetz ... Wille:* Die drei Glieder des

Tricolons enden mit dem Willen »aller«: Die Gesetz-
haftigkeit zeigt sich in der unausweichlichen Ordnung.
30 *Grille:* merkwürdiger, absonderlicher Einfall, fixe Idee.
[Titel nach V. 32] *ΕΛΠΙΣ:* Elpis; (ÜKA 1820:) »ΕΛΠΙΣ,
 Hoffnung«.
34 *widerwärtge:* Widerstand leistende
40 *Aeonen:* Zeitalter.

Metrische und rhythmische Besonderheiten

Die fünf »Urworte« sind jeweils als eine Stanze gefasst.
Diese Strophenform war zu Goethes Zeit weit verbreitet
und fand bei Lob- und Festgedichten und generell bei feierlichen Angelegenheiten häufig Verwendung. Entsprechend legt schon das Strophenmaß einen feierlichen
Grundton nahe, der durch die mythisch-philosophische
Füllung legitimiert wird.
Die Strophen bestehen jeweils aus acht Versen und werden
deshalb auch Ottaverime genannt: Sie enden auf weiblich-
klingende Kadenz und werden zunächst durch Kreuzreime
verbunden, bevor ein paargereimtes Couplet die Strophe
auch klanglich abschließt; das Reimschema lässt sich als ab
ab ab cd darstellen. Bei dem Versmaß handelt es sich um
Elfsilbler, Endekasyllabi, die jambisch gegliedert sind. So
ergibt sich ein melodischer, aber doch getragener Rhythmus, der hier wiederum dem Inhalt entspricht.

Forschungsstimmen

MAX KOMMERELL (1902–1944) verortet die fünf Stanzen
im Kontext von Goethes Alterswerk und damit in dort
formulierten Positionen über Leben und Bestimmung:

»Goethe sagt, sein Gedicht: ›Urworte, orphisch‹ fasse in
uralten Wundersprüchen über Menschenschicksale zu-

sammen, was von älteren und neueren orphischen Lehren überliefert sei. In der Tat hat er viel dabei benutzt. Zunächst ein Gedicht seines Freundes Knebel [Karl Ludwig v. K., 1744–1834], worin die Reihe: Dämon, Glück, Liebe, Not aufgestellt ist. Sodann Abhandlungen von Creuzer [Georg Friedrich C., 1771–1856], Hermann [Gottfried H., 1772–1848], Zoega [Georg Z., 1755–1809]. Er fand ein Makrobius-Zitat [Ambrosius Theodosius Macrobius, spätantiker Autor, Ende 4. / Anfang 5. Jh.] des Inhalts, daß bei der Geburt den Menschen vier Gottheiten umstehen: Dämon, Tyche, Eros, Ananke. Auch der Wagemut, als die einzige Macht, die der Notwendigkeit nicht weiche, wurde ihm nahegelegt, sowie die Bezeichnung ›orphische Wörter‹ und ›Urwort‹ im Sinn alter, heiliger Worte. Eigentlich aber hat Goethe persönliche und moderne Einsichten, die für ihn das Gesicht der Unabweisbarkeit hatten, in die angemessene Feierlichkeit alter Sprüche gehüllt, und da niemand weiß, was orphisch ist, darf offenbleiben, wie weit sie orphisch sind; vielleicht ist die Bezeichnung mit einem Unterton leiser Ironie gewählt. Was wir daran verehren, ist jedenfalls goethische Orphik. Eine zeitliche Ordnung läßt sich in den fünf Begriffen oder Mächten nicht verkennen, und was bezeichnen sie in ihrer Gesamtheit anderes als den Lebenslauf? Nicht irgendeinen, nicht das goethische Leben, sondern jeden Lebenslauf in den Mächten, die ihn miteinander, gegeneinander, nacheinander bestimmen, unentrinnbar, gemeingültig. Goethes letztes Wissen um den Lebenslauf überhaupt, wie es sich aus seinem ganzen biographischen Schaffen ablesen läßt und wie es dieses als ein Bemeistern und Durchschauen des Vielfachen ermöglicht. Die aufgestellten Begriffe sind die Begriffe von Kräften; damit sich der Lebenslauf auf sie zurückführen läßt, muß er durchschaut werden. Das ist die Orphik des Gedichts. Es ergeht sich keineswegs in Rätseln, mit Ausnahme der Hoffnungsstanze: damit alles ineinandergreift, muß in ihr mehr als die Kraft des Menschen erkannt werden, welche die Bedingungen der Wirklichkeit immer neu durch Entwürfe überfliegt; sie ist zugleich bildschaffende Überwindung des Todes. Der Tod müßte der letzte dieser Begriffsdämonen sein; statt seiner die Hoffnung! Ein solches Verfahren dem Tod gegenüber ließe sich vielerorts als goethisch erweisen. Man denke nur an seine Winckelmann-Schrift, wo ein fremder Lebenslauf so glücklich durch übergeordnete Begriffe schematisiert ist: dort wird die, in jenem Falle entsetzliche, Vorstellung des Endes gebannt durch das Monument des eben im Gipfel seiner Entfaltung Stehenden. So bemerkt Goethe zu der letzten Strophe, jedes feine Gemüt werde sich den Kommentar sittlich und religiös zu bilden gern übernehmen. Souverän, wie er orphische Vorstellungen benutzt, zieht er das astrologische Symbol heran, ohne daß er sich daran bände. Wie könnte er glücklicher das menschliche Werden beschreiben, sofern es sich selber bedingt? Mit dem Horoskop meint Goethe die Selbstverwirklichung einer Anlage der Zeit; Entwicklung ist ein Analogon des pflanzlichen und tierischen Wachstums; das Entwickelte ist Form: ebenso kenntlich, ebenso unentrinnbar wie der Typus, der im Samen des Tiers oder der Pflanze steckt. Entschiedener ist die Individualität als ein unverrückbarer Befehl der Natur, so zu sein, nie erklärt sich Werden. Wo bliebe da ein Raum für Freiheit? Ja, ist sie auch nur wünschenswert? Tyche ist das Hin-und-her zwischen dem Heranwachsenden und dem Jahrhundert. Fremdes einzulassen, erst wehrlos, dann es sich anbildend, ist die Lebensregung dieser Stufe, die dadurch ihren Abschluß findet, daß von einem bestimmten Fremden ein Eigenes wiedererkannt wird und sich ein Mensch von Wert an diesem Punkt zur Bindung entscheidet. Hier wird die Modernisierung der überlieferten Begriffe Tyche und Eros leicht durchschaubar; der Eros ist die Zusammenfassung der polaren Mächte Dämon und Tyche; Liebeswahl bestätigt als freiestes Wollen ältestes Müssen; das Ich, unter der Einwirkung des Fremden so lange gefährdet, findet über das Du, das notwendige Du, zu *seiner* Notwendigkeit zurück. Unvermittelt geht der kosmogonische Eros in den anakreontischen Amor [Anakreon, griech. Lyriker, um 550–490 v. Chr.] über: ›Er stürzt vom Himmel nieder, Wohin er sich aus alter Öde schwang, Er schwebt heran auf luftigem Gefieder Um Stirn und Brust den Frühlingstag entlang.‹ ›Nötigung‹ ist ein Aspekt späterer Jahre – sie geht als Folge aus dem freiesten Zustand der Liebe hervor, wenn, wie Goethe sich selbst auslegt, der Liebhaber Gatte, Vater, seßhafter Staatsbürger wird und sich in einem Netz von Bedingungen verstrickt sieht. Hier könnte, wie in den Wanderjahren, der Übergang vom Werden zum Leisten freiwillig vollzogen werden. Dies ist in den Urworten nicht enthalten. Sie sind ein Schicksalsgedicht und handeln von dem, was alle Menschen müssen. Auch hoffen müssen sie.«

Max Kommerell: Gedanken über Gedichte. Frankfurt a. M.: Klostermann, 1943. ⁴1985. S. 200–202. – © Vittorio Klostermann GmbH, Frankfurt am Main 1943.

ANDREAS ANGLET (geb. 1961) versucht dem Paradoxon von Ewigkeit und Augenblick, momenthaftem Erleben in der Zeit und überzeitlicher Geltung auf die Spur zu kommen:

»Die Vorstellung eines ›festen‹ individuellen Persönlichkeitskerns, der bei allen Veränderungen die Kontinuität des Individuums garantiert, wird vom alten Goethe mit den Begriffen ›Daimon‹, ›Monas‹ oder ›Entelechie‹ bezeichnet. Gleich in der ersten Stanze ›ΔΑΙΜΩΝ‹ wird dessen Erscheinen in der Welt mit dem Bild der astrologischen Konstellation, der Augenblick, mit dem das Individuum in die Welt tritt, in einem stehenden räumlichen Verhältnis fixiert. [...] Das astrologische Bild will also nicht wörtlich genommen, sondern als Symbol für die individuelle Bestimmtheit der Person verstanden werden. Die Konstellation ist auf diese Weise selbst ein zum Symbol verdichteter ›ewiger‹ Augenblick. Das Eintreten der Individualität in die Wirklichkeit vergleicht Goethe mit dem ›Aussprechen‹ des Wortes, das im ideellen Bereich der Gedanken bereits vorhanden ist wie die Seele des Menschen in der Ewigkeit; eine Anspielung auf den Beginn des Johannes-Evangeliums. [...]

Festzuhalten ist: Der ›Dämon‹ ist als der ›ewige‹ Wesenskern der Person die ontologische Voraussetzung für die Erfahrung des ›ewigen Augenblicks‹ und sein Eintreten in die Wirklichkeit selbst der erste ›ewige« Augenblick, die erste Berührung von Ewigkeit und Zeit. [...] Hier wird deutlich, daß die ›ewigen« Augenblicke des Lebens nicht im Rückzug aus der Welt, sondern nur im tätig ausgefüllten Lebensprozeß selbst erscheinen. Dem platonischen Begriffsrahmen [nach Platon sind Gegenstände blasse Kopien von Ideen] gegenüber wertet Goethe die sinnliche Wirklichkeit deutlich auf. Die schrankenlose Individualität bedarf der Begrenzung, und der ›ewige‹ Augenblick der Geburt ist als Symbol einer ersten fundamentalen Beschränkung zu verstehen, so daß ›Ewigkeit‹ und Zeit im vollen Sinne gegenwärtig sind.

Mit der Notwendigkeit, sich auf die Außenwelt einzulassen, setzt der Mensch sich jedoch der Gefahr aus, daß seine Pläne beeinträchtigt werden. Goethe erfaßt diese Seite des menschlichen Lebens in der zweiten Stanze seiner ›Urworte‹ als ›TYXH‹, das Zufällige‹. Sie ist dem Heranwachsenden und seinem gesellgen Umgang zugeordnet (V. 11). [...]

So dem Hin und Her (›bald hin- bald wiederfällig‹, V. 13) des Lebens ausgesetzt, wächst der Mensch heran, bis er ausreichend für das Leben ausgestattet ist und diese Lebensepoche einer Zwischenzeit in einem weiteren ›ewigen‹ Augenblick mündet. [Mit dem] Schlußcouplet der ›Tyche‹-Strophe [...] ist die Vorbereitung der Person auf denjenigen ›ewigen Augenblick‹ abgeschlossen, der im Zentrum des menschlichen Lebens steht, ›die Ankunft eines neuen Göttlichen wird erwartet‹ [WA I, 41.1,218]. Zur Erwartung, zur Bereitschaft des Einzelnen muß aber noch die ›entzündende Flamme‹ treten. Das Flammen-Motiv antizipiert bereits das Thema der folgenden ›Eros‹-Stanze. Der Augenblick der Liebe wird dort unter Betonung seiner Plötzlichkeit als das Herabstoßen eines Raubvogels beschrieben [V. 17–20]. [...]

Was den Augenblick der Liebe ebenso wie den der Geburt zu einem ›ewigen Augenblick‹ macht, ist die Offenheit für die zahllosen Möglichkeiten, die sich aus ihm zu ergeben scheinen, und gleichzeitig seine Kraft der Beschränkung in der Entscheidung für ›das Eine‹. [...]

Auf die Beschreibung der Plötzlichkeit, mit der der Liebesaugenblick eintritt, folgt in den ›Urworten‹ zunächst die Beschreibung der Reaktion bei einer fehlenden geistigen ›Pubertät‹: ein Zustand der Unentschiedenheit, der Schrankenlosigkeit im individuellen Streben und die daraus folgende Verwirrung [...] (V. 21 f.).

In seinen Erläuterungen verweist Goethe auf die Ursachen für diese seelischen Irritationen. An der Liebe sei sowohl das Begrenzende, Göttliche im Menschen, ›der individuelle Dämon‹, wie die ›verführende Tyche‹ beteiligt. Die Unklarheit darüber, welche der beiden Kräfte jeweils dominiere, setze dem Menschen ›keine Gränze des Irrens‹. [...]

Diese Verwirrung führt dazu, daß es nicht jedem Individuum gelingt, durch Beschränkung seinen Gefühlen Gestalt zu verleihen: ›Gar manches Herz verschwebt im Allgemeinen‹ (V. 23). [...]

Die Ehe erscheint als die Möglichkeit, diese Gefährdungen zu beseitigen. Der ›ewige‹ Augenblick der Liebe ist gekennzeichnet sowohl durch die Präsenz des ›ewigen‹ in der Kraft des ›Eros‹ als auch durch die gewollte Selbstbeschränkung des endlichen Menschen, so daß in den Bereich des ›Eros‹ bereits die ›Ananke‹ hereinragt, wie im

›ewigen‹ Augenblick der Geburt nicht nur die Kraft des
›Daimon‹, sondern auch die der ›Tyche‹ wirksam war.
Der ›ewige‹ Augenblick erscheint beide Male als Peripetie, als Kulminations- und Umschlagpunkt einer Entwicklung.

Mit der Entscheidung für ›das Eine‹ ›ist durch freien Entschluß die Freiheit aufgegeben‹ [WA I,41. 1,220], der Be-
wegungsraum des Individuums durch Verantwortung
eingeschränkt, und die Peripetie der Liebe schlägt um in
Institutionen, zu denen alle Beteiligten ›durch die bün-
digsten Contracte‹ und ›Zeremonien‹ von Staat und Kir-
che verpflichtet werden, ›damit alles ja für Zeit und Ewigkeit abgeschlossen sei, [...] daß ja das Ganze in keinem
kleinsten Theil durch Wankelmuth und Willkür gefährdet
werde‹ [WA I,41. 1,220f.]. Das persönliche Wollen geht
über in ›Bedingung und Gesetz und aller Wille‹ (V. 26).
›Alles, was liebevolle Neigung freiwillig gewährte, wird
nun Plicht‹ [WA I,41. 1,220f., ›ΑΝΑΓΚΗ, Nöthigung‹.
Es folgt analog zur ›Tyche‹-Strophe eine weitere Phase
zwischen zwei ›ewigen‹ Augenblicken. Mit einem An-
klang an Rousseaus [Jean-Jacques R., 1712–1778] ›volon-
tée générale‹ in Goethes Stanze über die ›Nöthigung‹ wird
die Einbettung des Einzelnen in die Gesellschaft, die Ein-
mündung des entelechischen ›Gesetzes‹ in die allgemeine
Sittlichkeit [...], scharf markiert. Das Individuum wird ge-
zwungen, seine subjektiven Wünsche (›Willkür‹ V. 28,
›Will‹ und Grille‹ V. 30) ›dem harten Muß‹ (V. 30) zu be-
quemen. Daß der alte Goethe diese Unterwerfung des
Individuums mit seinem Anspruch auf Glück unter das
Diktat der Gemeinschaft bis hin zu bitteren Entsagungen
– ›das Liebste wird vom Herzen weggescholten‹ (V. 29) –
keineswegs so ungebrochen positiv beurteilt, wie es der
erste Blick auf seine Rechtfertigung der bürgerlichen Institutionen in diesem und anderen Texten suggerieren
mag, [zeigt] das desillusionierende Schluß-Couplet:

›So sind wir scheinfrei [!] denn nach manchen Jahren
Nur enger dran als wir am Anfang waren.‹ (V. 31 f.)

Dem entspricht auch die Wertung dieses Lebensrahmens
in den beiden Anfangsversen der folgenden Schlußstanze
als ›ehr'ne Mauer‹, ›höchst widerwärt'ge Pforte‹ (V. 33 f.).
Aus der Perspektive der Strophe ›EΛΠIΣ, Hoffnung‹ erscheint die Beschränkung des Individuums durch die
Zwänge der ›Ananke‹ als ein trüber Zwischenraum (›Wolkendecke, Nebel, Regenschauer‹; V. 37), bevor es die
Hoffnung darüber erhebt.
Für die ›leichte‹ und ›ungezügelte‹ Phantasie der Menschen gibt es ganz verschiedene Gegenstände der Hoffnung, aber jeder kennt sie, die ›Hoffnung‹: ›Ihr kennt sie
wohl, sie schwärmt in allen Zonen‹ (V. 39). Ihre Kraft
löst den Menschen von den Beschränkungen der Welt.
Und ebenso löst sie ihn von der Zeit, indem sie die Perspektive der ›Ewigkeit‹ einnimmt: ›Ein Flügelschlag! und
hinter uns Äonen‹ (V. 40). [...] Dabei ist die Hoffnung
aber immer eine im diesseitigen menschlichen Leben
wirksame, zu neuer Tätigkeit ›erhebende‹ Kraft. Goethes
Reflexion mündet nicht in der kontemplativen Jenseits-
schau, sondern in der Begegnung einer die Grenzen der
Endlichkeit sprengenden Kraft mit der Forderung, sich
gerade aus dieser Kraft heraus zu begrenzen und tätig zu
werden: im Zusammentreffen eines ›Ewigen‹ mit der
Zeit.«

Andreas Anglet: Der »ewige« Augenblick. Studien
zur Struktur und Funktion eines Denkbildes bei
Goethe. Köln [u. a.]: Böhlau, 1991. S. 47–56. –
© 1991 Böhlau Verlag, Köln.

CHRISTIAN SCHÄRF (geb. 1960) fragt nach der Orpheus-
Figur und deren Funktionalisierung in Goethes Gedicht.
Letztlich zeigt sich eine Konzeption von Dichtung und
ästhetischer Weltdeutung, bei der die Verwendung mytho-

logischer Aspekte selbst zu einem Einschreiben in den fortlaufenden Mythos wird:

»In der Strophenfolge der *Urworte. Orphisch* wird das *principium individuationis*, das Goethe auf die Metamorphose der Formen gründet, in einer Weise dargelegt, die sich selbst als Formverwandlung aus der antiken Basis zu erkennen gibt. Urworte sind Worte, die sich selbst von Zeitalter zu Zeitalter verwandeln, ihren existentiellen Kern jedoch immer bewahren. Um sich ihrer Autorität für die eigene Dichtung zu versichern, muß sich der individuelle Dichter ihren Wandlungen anpassen, muß er selbst zu einem Medium ihrer Metamorphosen werden. Der Dichter vertritt zwar immer noch seine Weltanschauung, jedoch medial gebrochen, durch die Transformation der Schrift ins gesprochene, von alters her sich vermittelnde Wort. Die Wiederherstellung lyrischer Mündlichkeit soll dazu dienen, das Individuum weltgeschichtlich und kosmologisch zu sanktionieren. Der orakelsagende Kopf des von den rasenden Furien zerrissenen Sängers spricht nicht vom Furor des dionysischen Kults, sondern vom evolutiven Formgesetz des Individuums. Dieses ist unzerstörbar – *individuum est ineffabile* [›Das Individuum ist unfassbar‹], ein Lieblingswort des alten Goethe –, weil es die Hoffnung kennt, Elpis. Warum aber wurde Orpheus auf so grausame Weise von den Mänaden [Bacchantinnen] getötet? – Weil er sich von Dionysos, dem Gott des Orgiasmus, losgesagt hatte, weil er sich dem Verlöschen des Individuums im Rausch widersetzte, weil er Elpis beschwor, wo der rasende Gott die totale Selbstauslieferung an den Determinismus der Ananke einforderte?
Metamorphose als Entwicklungsgesetz des Einzelphänomens bedeutet, bezogen auf Goethe als Dichter, die Herausbildung einer produktiven Stufe aus der anderen. Für das unabsehbare Weiterwirken dieses Impulses steht Elpis ein. Der Produktionsimpuls des organisch notwendigen

Hervorgehens eines Werkes aus dem anderen, das einer
biographischen Zwangsläufigkeit unterliegt, wird ins Mythische überhöht. Dadurch wird die Gestalt des Dichters
als Träger und Bekenner einer Weltanschauung ins Unbe-
stimmbare und Unbegreifliche entrückt. Er gleicht sich
Orpheus an, seine Verse werden zu Orakelsprüchen. Damit wird der Versuch, Goethe aus sich selbst, aus seinen
Orakelsprüchen heraus, zu begreifen, zumindest frag-
würdig.

Der Ausdruck ›Bruchstücke einer großen Konfession‹,
mit dem Goethe die Gesamtheit seiner Werke in *Dichtung
und Wahrheit* charakterisiert hat, muß so vielleicht etwas
anders als gewohnt verstanden werden. Die von diesem
Wort aus unterstellte Korrespondenz von Weltanschauung
und dichterischem Ausdruck wird zumindest in den *Urworten. Orphisch* unterlaufen durch die Verschmelzung
von poetischer Schriftlichkeit und mythischer Oralität zu
einem lyrischen Medium, das die kosmogonische Gewiß-
heit eines die Zeiten überblickenden und die Zeiten über-
spannenden Sprechers repräsentiert. Dieser Sprecher ist
weder in der Zeit noch im Raum zu fixieren; mithin er-
lischt seine Person als Identifikationspunkt weltanschauli-
cher Gehalte. Sie entrückt ins Rätselhafte, Numinose, in
einen geistigen Raum also, indem die philosophische Aussage ihre Struktur verändern muß. Sie wandelt sich von einer argumentativen Darlegung in eine Beschwörung; ihr
Sinngehalt wird vom Überzeugungssubstrat zu einem reli-
giösen Gebot.

Ich habe auf diese Zusammenhänge hingewiesen, um auf
Goethes latente Fremdheit aufmerksam zu machen, die
durch die scheinbare Vertrautheit hindurchscheint. Diese
Vertrautheit mit dem Goetheschen Bekennertum wird
nicht zuletzt auch von philologischen Interpretationen
immer wieder prätendiert. Nicht an der epochenübergrei-
fenden Gültigkeit der Aussagen des Lyrikers Goethe wäre
zu zweifeln. Aber es bleibt festzuhalten, daß die Form der

lyrischen Sprechakte jenseits des Bekenntnischarakters eine Sinnebene schafft, die die Rede vom Individuum und seiner Metamorphosen in den Mythos entrückt und so zu einem kosmogonischen Sagen gerinnt. Der Eindruck, man habe es mit Bekenntnissen unumstößlichen Wissens zu tun, rührt in erster Linie aus der medialen Verfaßtheit solchen Wissens. Seine persuasive [überzeugende] Kraft entspringt nicht aus der klaren und distinkten Darlegung, sondern verdankt sich der mythomorphen [in Form eines Mythos verkörperten] Diktion.

Goethes Ethik ist die eines Menschen, der uns als Individuum noch verständlich erscheint, zugleich ist sie aber auch eine Ethik der ästhetischen Anverwandlung an einen Mythos, dem Goethe selbst wohl noch deutlich näher stand als wir heute. Lyrisches Sprechen als Medium ethischer oder auch bekenntnishafter Wahrheit sollte in seiner Phänomenalität als Forum orphischer und damit mythischer Diktion nicht unterschätzt werden. Das trifft auf Goethe insgesamt zu, auch bereits auf den frühen Lyriker, den Dichter des Sturm und Drang. Es kulminiert im spruchhaften Bekenntniston der späten Lyrik, in der das Bekennen immer zugleich ein Beschwören des Rätsels ist, das sich im Bekennenden zentriert. Wie weit diese Ethik von uns heute entfernt liegt, läßt sich kaum sagen – in jedem Fall aber weiter, als Goethe selbst die historische Strecke zwischen sich und dem mythischen Sänger Orpheus empfunden haben mag.«

Christian Schärf: Orpheus als Orakel. Metamorphose und Kosmogonie beim späten Goethe im Hinblick auf »Urworte. Orphisch«. In: Goethe-Jahrbuch 117 (2000) S. 154–164, hier S. 163 f. – Mit Genehmigung von Christian Schärf, Mainz.

Elegie

Was soll ich nun vom Wiedersehen hoffen,
Von dieses Tages noch geschloss'ner Blüthe?
Das Paradies, die Hölle steht dir offen;
Wie wankelsinnig regt sich's im Gemüthe! –
Kein Zweifeln mehr! Sie tritt an's Himmelsthor,   5
Zu ihren Armen hebt sie dich empor.

So warst du denn im Paradies empfangen
Als wärst du werth des ewig schönen Lebens;
Dir blieb kein Wunsch, kein Hoffen, kein Verlangen,
Hier war das Ziel des innigsten Bestrebens,   10
Und in dem Anschaun dieses einzig Schönen
Versiegte gleich der Quell sehnsüchtiger Thränen.

Wie regte nicht der Tag die raschen Flügel,
Schien die Minuten vor sich her zu treiben!
Der Abendkuß, ein treu verbindlich Siegel: 15
So wird es auch der nächsten Sonne bleiben.
Die Stunden glichen sich in zartem Wandern
Wie Schwestern zwar, doch keine ganz den andern.

Der Kuß der letzte, grausam süß, zerschneidend
Ein herrliches Geflecht verschlungner Minnen.   20
Nun eilt, nun stockt der Fuß die Schwelle meidend,
Als trieb ein Cherub flammend ihn von hinnen;

Das Auge starrt auf düstrem Pfad verdrossen,
Es blickt zurück, die Pforte steht verschlossen.

25 Und nun verschlossen in sich selbst, als hätte
Dieß Herz sich nie geöffnet, selige Stunden
Mit jedem Stern des Himmels um die Wette
An ihrer Seite leuchtend nicht empfunden;
Und Mißmuth, Reue, Vorwurf, Sorgenschwere
30 Belasten's nun in schwüler Atmosphäre.

Ist denn die Welt nicht übrig? Felsenwände
Sind sie nicht mehr gekrönt von heiligen Schatten?
Die Erndte reift sie nicht? Ein grün Gelände
Zieht sich's nicht hin am Fluß durch Busch und Matten?
35 Und wölbt sich nicht das überweltlich Große
Gestaltenreiche, bald gestaltenlose?

Wie leicht und zierlich, klar und zart gewoben,
Schwebt, Seraph gleich, aus ernster Wolken Chor,
Als glich es ihr, am blauen Aether droben,
40 Ein schlank Gebild aus lichtem Duft empor;
So sahst du sie in frohem Tanze walten
Die Lieblichste der lieblichsten Gestalten.

Doch nur Momente darfst dich unterwinden
Ein Luftgebild statt ihrer fest zu halten;
45 In's Herz zurück, dort wirst du's besser finden,
Dort regt sie sich in wechselnden Gestalten;
Zu Vielen bildet Eine sich hinüber,
So tausendfach, und immer immer lieber.

Wie zum Empfang sie an den Pforten weilte
Und mich von dannauf stufenweis beglückte; 50
Selbst nach dem letzten Kuß mich noch ereilte,
Den letztesten mir auf die Lippen drückte:
So klar beweglich bleibt das Bild der Lieben,
Mit Flammenschrift, in's treue Herz geschrieben.

In's Herz, das fest wie zinnenhohe Mauer 55
Sich ihr bewahrt und sie in sich bewahret,
Für sie sich freut an seiner eignen Dauer,
Nur weiß von sich, wenn sie sich offenbaret,
Sich freier fühlt in so geliebten Schranken
Und doch nur schlägt, für alles ihr zu danken. 60

War Fähigkeit zu lieben, war Bedürfen
Von Gegenliebe weggelöscht, verschwunden;
Ist Hoffnungslust zu freudigen Entwürfen,
Entschlüssen, rascher That sogleich gefunden!
Wenn Liebe je den Liebenden begeistert, 65
Ward es an mir auf's lieblichste geleistet;

Und zwar durch sie! – Wie lag ein innres Bangen
Auf Geist und Körper, unwillkommner Schwere:
Von Schauerbildern rings der Blick umfangen
Im wüsten Raum beklommner Herzensleere; 70
Nun dämmert Hoffnung von bekannter Schwelle,
Sie selbst erscheint in milder Sonnenhelle.

Dem Frieden Gottes, welcher euch hienieden
Mehr als Vernunft beseligt – wir lesen's –
75 Vergleich' ich wohl der Liebe heitern Frieden
In Gegenwart des allgeliebten Wesens;
Da ruht das Herz und nichts vermag zu stören
Den tiefsten Sinn, den Sinn ihr zu gehören.

In unsers Busens Reine wogt ein Streben,
80 Sich einem höhern, reinern, unbekannten,
Aus Dankbarkeit freiwillig hinzugeben,
Enträthselnd sich den ewig Ungenannten;
Wir heißen's: fromm seyn! – Solcher seligen Höhe
Fühl' ich mich teilhaft, wenn ich vor ihr stehe.

85 Vor ihrem Blick, wie vor der Sonne Walten,
Vor ihrem Athem, wie vor Frühlingslüften,
Zerschmilzt, so längst sich eisig starr gehalten,
Der Selbstsinn tief in winterlichen Grüften;
Kein Eigennutz, kein Eigenwille dauert,
90 Vor ihrem Kommen sind sie weggeschauert.

Es ist als wenn sie sagte: »Stund um Stunde
Wird uns das Leben freundlich dargeboten,
Das Gestrige ließ uns geringe Kunde,
Das Morgende, zu wissen ist's verboten;
95 Und wenn ich ja mich vor dem Abend scheute,
Die Sonne sank und sah noch was mich freute.

Drum thu' wie ich und schaue, froh verständig,
Dem Augenblick in's Auge! Kein Verschieben!
Begegn' ihm schnell, wohlwollend wie lebendig,
Im Handeln sey's, zur Freude, sey's dem Lieben;   100
Nur wo du bist sey alles, immer kindlich,
So bist du alles, bist unüberwindlich.«

Du hast gut reden, dacht' ich, zum Geleite
Gab dir ein Gott die Gunst des Augenblickes,
Und jeder fühlt an deiner holden Seite   105
Sich Augenblicks den Günstling des Geschickes;
Mich schreckt der Wink von dir mich zu entfernen,
Was hilft es mir so hohe Weisheit lernen!

Nun bin ich fern! Der jetzigen Minute
Was ziemt denn der? Ich wüßt' es nicht zu sagen;   110
Sie bietet mir zum Schönen manches Gute,
Das lastet nur, ich muß mich ihm entschlagen;
Mich treibt umher ein unbezwinglich Sehnen,
Da bleibt kein Rath als gränzenlose Thränen.

So quellt denn fort! Und fließet unaufhaltsam;   115
Doch nie geläng's die innre Gluth zu dämpfen!
Schon rast's und reißt in meiner Brust gewaltsam,
Wo Tod und Leben grausend sich bekämpfen.
Wohl Kräuter gäb's, des Körpers Qual zu stillen;
Allein dem Geist fehlt's am Entschluß und Willen,   120

Fehlt's am Begriff: wie sollt' er sie vermissen?
Er wiederholt ihr Bild zu tausendmalen.
Das zaudert bald, bald wird es weggerissen,
Undeutlich jetzt und jetzt im reinsten Strahlen;
125 Wie könnte dies geringstem Troste frommen?
Die Ebb' und Fluth, das Gehen wie das Kommen?

―――――――――

Verlaßt mich hier, getreue Weggenossen!
Laßt mich allein am Fels, in Moor und Moos;
Nur immer zu! Euch ist die Welt erschlossen,
130 Die Erde weit, der Himmel hehr und groß;
Betrachtet, forscht, die Einzelheiten sammelt,
Naturgeheimniß werde nachgestammelt.

Mir ist das All, ich bin mir selbst verloren,
Der ich noch einst der Götter Liebling war;
135 Sie prüften mich, verliehen mir Pandoren,
So reich an Gütern, reicher an Gefahr;
Sie drängten mich zum gabeseligen Munde,
Sie trennen mich, und richten mich zu Grunde.

AlH 3, S. 24–29. – Witte (2001) S. 460–464.

Entstehung und Erstdruck

Die biographischen Hintergründe der Elegie sind gut
dokumentiert, so dass hier leicht ein kurzer Abriss gegeben werden kann. Goethe hielt sich ab 1820 während
der Sommermonate in Marienbad auf, einem erst kürz-
lich eingerichteten Bad, mit dessen Gästen er breiten,
kaum jedoch tieferen Umgang pflegt. Daneben fand sich
der Herzog und mit ihm ein größerer Weimarer Kreis
ein. Für die Jahre 1821–23 ist auch der Aufenthalt der
Familie Levetzow in Marienbad belegt. Goethe kannte
die Mutter, Amalie von Levetzow (1788–1868), und lernte so auch deren Töchter kennen. Während Goethe zwar
sonst auch mit den jungen Frauen Kontakt zu halten
pflegte, bahnte sich schon 1822 eine tiefere Zuneigung
zu Ulrike von Levetzow, der ältesten Tochter der Familie, an, die 1822 18 Jahre alt war. Im Sommer 1823
schließlich bekam Ulrike einen Heiratsantrag von Goethe, der unbeantwortet blieb. Ein Einverständnis der
Mutter (Goethe war zu diesem Zeitpunkt immerhin
schon 75 Jahre alt) darf nicht angenommen werden,
denn diese reiste mit ihrer Familie nach Karlsbad weiter.
Goethe folgte der Familie nach, vom 25. August bis zum
5. September hielt er sich in Karlsbad auf und hat Ulrike
nochmals getroffen. Dann aber reiste er ab und erreichte
am 17. September Weimar. Auf dem Weg zurück entstand die *Elegie*, die er nun ins Reine schrieb. Das Manuskript wird ungewöhnlicherweise in Leder gebunden
und sorgfältig in einer besonderen Mappe verwahrt (im
Folgenden zit. als: »Hs. 1823«). Während einer schweren
Erkrankung ließ sich Goethe den Text von Zelter wiederholt vorlesen. Die Frage, ob Goethes Herzbeutelent-
zündung im Winter 1823/24 von der unglücklichen Liebe ausgelöst und durch die Therapie mit der dichterischen Verarbeitung derselben geheilt wurde, ist nicht
eindeutig zu beantworten.

Veröffentlicht wurde die *Elegie* in der Werkausgabe von 1827 als zweites Stück innerhalb der *Trilogie der Leidenschaften*. Mit dieser Anordnung in einen kleinen Zyklus greift Goethe auf ein altes Konzept der Distanzierung zurück, das er schon früh entdeckt hatte. Die Formung eines kleinen, abgeschlossenen Zyklus konnte einen Text in distanzierende Kontexte stellen, sollte dieser Text sonst zu eindimensional biographisch zu lesen sein. Die Rezeption ist ihm darin kaum gefolgt, zu dominant scheint das Wissen um den einen Anlass der Entstehung.

Zeilenkommentar

[Titel] *Elegie:* (Hs. 1823:) »Elegie. September 1823.«

[Motto] *Und wenn … ich leide.* Verse 3432 und 3433 aus dem *Tasso*, wobei dort »wie« statt »was« steht. Im Rahmen der Trilogie schließt das Motto eng an die Schlussverse des vorangehenden Gedichts an, *An Werther* endet mit den Versen »Verstrickt in solche Qualen halbverschuldet / Geb' ihm ein Gott zu sagen was er duldet.«

3/5 *Paradies … Hölle … Himmelstor:* Die extreme Gefühlslage wird mit diesen religiös belegten Begriffen aufgerufen, deren Verwendung knüpft aber auch an Dantes *Göttliche Komödie* an.

5 *Kein Zweifeln mehr!:* elliptische Interjektion als ermutigende Aufforderung an das lyrische Ich.

7–9 *warst … wärst … blieb:* Tempus- und Moduswechsel. Statt des Präsens in der ersten Strophe regieren nun Irrealis und Plusquamperfekt bzw. Präteritum. Das Vergangene wird betrachtet.

20 *Minnen:* der veraltete, letztlich für Liebe einstehende mittelhochdeutsche Begriff, der in diesem Zusammenhang nicht nur auf erfüllte Liebe verweist, sondern auch die Anknüpfung an Traditionen des Minnesangs

und in gesteigerter Form der Liebesklage des Tage-
lieds anschließt.

21 *Nun eilt, nun stockt der Fuß:* Die parallele Fügung
der einander ausschließenden Bewegungen zeigt die
Unentschlossenheit und Rastlosigkeit.

22 *Cherub:* biblischer Hüter der Paradiespforte, Engel
mit Feuerschwert, der die Rückkehr der Menschen in
das Paradies verhindert.

31–36 *Ist denn … gestaltenlose?:* Reihung rhetorischer
Fragen als Zeichen großer innerer Bewegtheit.

34 *Matten:* Rasenfläche.

38 *Seraph:* sechsflügeliger Engel, steht nach hebräischer
Überlieferung an der Spitze der himmlischen Heer-
scharen und strahlt Licht aus.

40 *aus lichtem Duft:* Nebel, Dunst, vgl. V. 44 »Luftgebild«.

54 *Flammenschrift:* vgl. die biblische Flammenschrift an
der Wand in Belsazaars Palast, ein Menetekel, das
hier von einer höheren Macht in das Herz des Liebenden eingeschrieben wird.

73 f. *Dem Frieden Gottes … Vernunft:* vgl. Phil. 4,7: »Und
der Friede Gottes, welcher höher ist als alle Vernunft,
bewahre eure Herzen und Sinne in Christus Jesus.«

91–102 *Stund um Stunde … unüberwindlich:* Der Geliebten werden rückblickend Worte in den Mund ge-
legt, die mit Goethes eigener Lebenseinstellung korrespondieren.

110 *ziemt:* gehört sich.

117 f. *schon rast's … bekämpfen:* Die Verse wurden als
Anspielung auf die Erkrankung Goethes gelesen; diese Lesart ist jedoch nicht haltbar. Der allerdings spür-
bare Tumult in der Brust wird von der Alliteration
der Verben »rast's und reißt« unterstrichen. Vermutlich wird auf den Vers »Mors et vita duello conflixere
mirando: dux vitae mortuus, regnat vivus« (»Tod und
Leben, die den unbegreiflichen Zweikampf kämpfen;

der Fürst des Lebens, der gestorben war, herrscht
nun lebend«) von Wipo von Burgund (um 995–1050)
angespielt, der in der Ostermesse gesungen wird.

vor 127: Die letzten beiden Strophen werden von den vor-
herigen mit einem Strich abgetrennt – das Individuum bleibt allein zurück, da das erinnernde Schreiben
nicht zu einer Vergegenwärtigung führen konnte und
damit gescheitert ist.

134 f. *Der ich ... Pandoren:* Verweis auf die mythischen Figuren des Epimetheus und der Pandora, die Goethe
schon im Festspiel *Pandora* gestaltet hatte und die in
seinem Prometheus-Drama wohl auch hätten auftre-
ten sollen. Pandora war die von Zeus geschaffene
Frau, die mit vielen Gaben ausgestattet zu den Menschen geschickt wird. Von ihrer Schönheit begeistert,
nimmt Epimetheus sie auf, obwohl ihn sein Bruder
Prometheus gewarnt hatte, nichts vor den Göttern anzunehmen. Sie trägt ein Gefäß (»Büchse der Pandora«)
bei sich, bei dessen Öffnung alle Übel in die Welt
kommen, da jeder olympische Gott als Rache für Prometheus' vorangegangenen Diebstahl des himmlischen Feuers eine unheilvolle Gabe in das Gefäß ge-
legt hatte. Mit diesem kommt aber auch die Hoffnung
in die Welt. In Benjamin Hederichs *Gründlichem Mythologischen Wörterbuch* (Sp. 1872 f.) fand Goethe die
Geschichte so vor:

»Pandora, æ, Gr. Πανδώρα, ας, ein Frauenzimmer,
welches Vulcan, auf Jupiters Befehl, aus Erde, nachdem er solche mit Wasser eingemacht hatte, also ver-
fertigte, daß sie als Schönheit selbst den Göttinnen
gleich war. Minerva wies ihr darauf alle ihr geziehm-
mende Künste. Venus theilete ihr die Annehmlichkeit
und Begierde sich zu putzen mit, Mercurius seine
List und Betrügereyen; und die Charites und Guada
ziereten sie mit Kleinodien aus: die Horen aber set-
zeten ihr einen schönen Bluhmenkranz auf. Weil nun

also fast alle Götter und Göttinnen sie daher mit etwas begabeten, so bekam sie daher den Namen Pandora, (von πᾶς, alles, und δῶρον, Geschenk). Es wollte aber Jupiter mit solcher die Menschen darum bestrafen, weil ihm Prometheus, wider seinen Willen, das Feuer aus dem Himmel entwendet hatte. Er gab ihr also noch eine Büchse mit, in welcher alle Noth und Plagen enthalten waren, welche die Menschen betreffen können. Hiermit schickete er sie zu des Prometheus Bruder, Epimetheus. Ob nun dieser von jenem gewarnet worden, ja kein Geschenk vom Jupiter anzunehmen: so griff er dennoch zu, als ihm Mercurius solche Pandora überbrachte. Er erfuhr aber gar bald, wie sehr er betrogen wäre. Denn so bald sie ihre Büchse aufmachte, und sehen wollte, was darinnen wäre, so fuhr alles bemeldete Unglück heraus; und, ungeachtet sie den Deckel so geschwind wieder darauf that, als sie konnte, so behielt sie dennoch nichts in der Büchse, als die einige Hoffnung, welche am Rande hängen blieb. Diese haben daher die Menschen noch allein in aller ihrer Noth und ihrem Elende.«

138 *Sie trennen ... zu Grunde:* Formulierung eines fatalen Ausgangs, nur im Kontext der in der Trilogie folgenden Aussöhnung ist ein Weiterdichten möglich, die Elegie allein endet hoffnungslos und kann nicht fortgeführt werden.

Metrische und rhythmische Besonderheiten

Bei der *Elegie* handelt es sich um eines der längsten Gedichte Goethes, zudem um eines, das sich selbst an viele Kontexte anbindet. Mit dem Titel wird nicht nur die Form der Liebesklage evoziert. Zwar gestaltet Goethe den Text nicht mehr im elegischen Distichon, die direkte Anknüp-

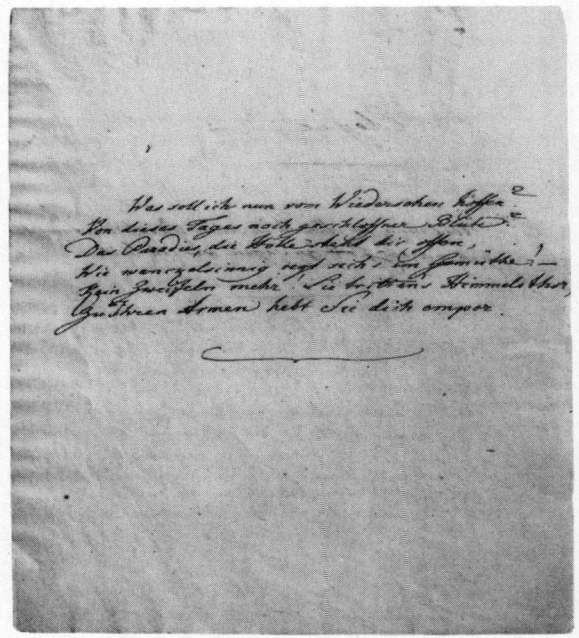

Erste Strophe aus der Reinschrift der *Elegie*, 1823

fung an antikes römisches Dichten steht nicht mehr zentral, aber über das Versmaß des Jambischen Endekasyllabo wird die Tradition der europäischen Dichtung seit dem späten Mittelalter aufgerufen. Nicht ohne Grund wurde die *Elegie* mit Dantes oder Petrarcas Texten in Verbindung gebracht. Goethe gestaltet die Stanze allerdings leicht verändert, indem er nur sechs Verse zu einer Strophe zusammenfügt. Die ersten vier Verse sind dabei kreuzgereimt, ein Paarreim-Couplet schließt die Strophen jeweils ab. Da Goethe sonst seine Verse oft relativ frei füllt, überrascht hier die genaue Einhaltung des Versmaßes. Jedoch handelt der Text von den Grundlagen des Lebens und den Bedingungen und Möglichkeiten nicht nur des Liebens, sondern auch des Dichtens. Die Suche nach einer dezidiert modernen Elegie, die nicht mehr nur ein altes Metrum aktuell füllt, sondern die Bedingung einer möglichen Übertragung von Liebe und Verlust, gleichsam von höchster Erfüllung und Tod, im Medium der Lyrik wird hier reflektiert. Eine ungewöhnliche Füllung der Form könnte von der Behandlung dieser grundlegenden Frage womöglich ablenken.

Forschungsstimmen

KARL EIBL (geb. 1940) fasst den »Handlungsablauf« der Elegie knapp zusammen, wobei er das Gedicht nicht nur als ›Nacherzählung‹ einer Trennungserfahrung liest, sondern auch nach der Form und Anlage von deren literarischer Ausgestaltung und Präsentation fragt:

»Der Vorgang des Gedichts ist nicht leicht zu durchschauen. Deshalb einige Hinweise: Die erste Strophe und die letzten beiden Strophen sind vom übrigen Text abgesetzt [...] und können als Rahmen aufgefaßt werden. Die Strophen 2–5 (v. 7–30), eine Art Exposition, beschreiben das vergangene Glück im ›Paradies‹, die Trennung, die gegenwärtige ›Sorgenschwere‹. Durch die Paradieses-Metaphorik wird dem folgenden eine ganz bestimmte Problemstellung aufgegeben: Wie kann, wie soll das Ich die Erinnerung an das verlorene Paradies als Botschaft verarbeiten? Das ist zugleich in einem präzisen Sinne die Grundspannung der modernen ›Elegie‹ [...]. Der Blick auf die äußere Welt (Strophe 6–8, v. 31–48) läßt die Geliebte zunächst als ›Luftbild‹ erscheinen; aber der wahre Ort der Bewahrung des ›paradiesischen‹ Bildes ist das eigene Herz, und dies Wirken im Herzen wird nun in weitem Bogen dargestellt (Strophe 9–17, v. 49–102), gipfelnd in einer fingierten direkten Rede der Geliebten. Doch dann fühlt sich das Ich wieder schroff in die Gegenwart zurückgestoßen, das Gedicht endet in Ratlosigkeit (Strophe 18–21, v. 103–126). – Die Eingangsfrage des Gedichts (›Paradies‹ oder ›Hölle‹), in der ersten Strophe noch durch ein vorwegnehmendes Hoffnungsbild beantwortet, bleibt schließlich quälend offen, und der Epilog mündet gar in All- oder Selbstverlust. Nirgends sonst hat Goethe eine Dichtung in solche Rat- und Trostlosigkeit ausklingen lassen, und diese wirkt um so furchtbarer, weil sie als ein Scheitern der mit größter Anstrengung betriebenen Deutungsbemühungen des Mittelteils dargestellt ist. Dem Verlauf nach ist die *Elegie* eine Art innerseelische Tragödie, vergleichbar nur dem *Tasso*, zu dem ja auch das Motto hinüberdeutet. – Goethe wäre freilich nicht Goethe, wenn im nächsten Gedicht nicht doch noch die *Aussöhnung* folgte.«

Karl Eibl in: Johann Wolfgang Goethe. Gedichte 1800–1832. Hrsg. von Karl Eibl. (Frankfurter Ausgabe. Bd. 2.) Frankfurt a. M : Deutscher Klassiker Verlag, 1988. S. 1054 f. – © Deutscher Klassiker Verlag, Frankfurt am Main. 1988.

DOROTHEA HÖLSCHER-LOHMEYER hat für ihre Interpretation der *Elegie* die Hintergründe der Entstehung genau untersucht. Sie konfrontiert die Geschichte der Entstehung, wie sie allgemein angenommen wird, mit den Tatsachen, auf die sich aus Goethes weiteren Aufzeichnungen schließen lässt. Damit konzentriert sie sich auf eine vor allem biographisch gestützte Lektüre, kann aber den Prozess der Umwandlung von erlebten und erlittenen Emotionen in ein Gedicht genau beleuchten:

»Keine seiner Gedichthandschriften hat Goethe mit einer
solchen Pietät behandelt, über keine hat er – als seinen in-
nersten Besitz – ein so nachhaltiges Schweigen gebreitet.
Obwohl ihn auf seiner Reise in die böhmischen Bäder im
Sommer 1823 zwei Bedienstete begleiteten, niemals ist ihnen auch nur eine Zeile des Gedichts diktiert worden.
Auch das Tagebuch spricht möglichst lakonisch vom Entstehen der Verse – sie entstanden fast ausschließlich auf
der Rückreise nach Weimar in der Zeit vom 5. bis 17. September –, und schließlich wieder in Weimar angekommen,
schreibt Goethe noch am selben Ankunftstag und in den
frühen Morgenstunden des 18. und 19. September die Verse ins reine – aber wiederum ganz eigenhändig.
Noch ein halbes Jahr nach Entstehen des Gedichts, im Ja-
nuar 1824 vertraut er Zelter an: ›Ich darf es nicht aus den
Händen geben‹. Er behandelte es fast wie ein heiliges Papier; denn es hielt einen schicksalhaften Moment fest: seinen ›Abschied vom Leben, sofern es Liebe‹ war, wie man
das Gedicht glücklich benannt hat.
Was war geschehen? Nach der schweren Herzbeutelent-
zündung im Februar hatte Goethe beschlossen, auch in
diesem Jahr wieder Marienbad aufzusuchen. Aus verschiedenen Gründen war er schon früher als die beiden Jahre
zuvor dahin aufgebrochen und mietete sich in der ›Golde-
nen Traube‹ ein, einem ›allerliebsten Quartier‹ [...]. Es lag
gerade gegenüber dem Graf Klebelsbergschen Palais, in
dem die Levetzowsche Familie während der Saison zu
wohnen pflegte. Goethes Beziehungen zu ihr reichen weit
zurück. Amalie, Ulrikes Mutter, war ihm schon in aller ihrer Anmut 1808 in Karlsbad ›als Stern‹ aufgegangen, damals schon verheiratet und die vierjährige Ulrike an der
Hand führend; und auch Ulrike war ihm nun schon seit
1821 bekannt, wo sie als Siebzehnjährige, eben aus dem
Straßburger Pensionat entlassen, die Mutter zum erstenm-
al ins Bad begleitete.«

Über den Heiratsantrag weiß man nichts Genaues:

»Ob Goethe selber bei Ulrikes Mutter förmlich und brief-
lich um die Hand der Tochter angehalten hat, ist nicht bekannt. Aber Großherzog Carl August, der auch anwesend
war, muß sich – so erzählt es Ulrike in ihren Erinnerun-
gen selber – zum Fürsprecher des Freundes gemacht, bei
der Mutter aufgewartet und Ulrike selber gefragt haben,
›ob sie Goethe nicht heiraten möchte‹. [...] Eine Absage
von seiten der Levetzows ist vermutlich niemals ausgesprochen worden; aber nach einigen Tagen schien es Frau
von Levetzow wohl der Takt zu gebieten, Marienbad zu
verlassen; und so siedelte sie am 17. August mit den Töch-
tern nach Karlsbad über. Der Entschluß muß selbst für die
Nächsten ganz überraschend gekommen sein, für Goethe
jedenfalls war er fast unerträglich.
Die 23 sechszeiligen Stanzenstrophen der *Elegie* entstanden dann – nach Eckermanns Bericht – auf dem Rückweg
von Böhmen. [...] Die Produktivität des 74jährigen, angesichts seiner tiefen Betroffenheit durch die Ereignisse,
schien unverwüstlich. Erst die Öffnung des Goetheschen
Hausarchivs – 1885/86 – und die Einsicht in die Goetheschen Tagebücher brachte neue Möglichkeiten des Über-
prüfens. Schon da hätte die Eintragung vom 5. September
nachdenklich machen können: ›Abschrift eines Gedichts‹.
– Weshalb Abschrift? Gab es denn schon ein Gedicht?
Und wieviel nachdenkenswerter war noch der *Elegie*-An-
fang: ›Was soll ich nun vom Wiedersehen hoffen?‹ – Weshalb nach dem qualvollen Abschied im Leben noch einmal
die Fiktion des Augenblicks davor in der Dichtung – und
zwar als Augenblick der Hoffnung?
Es mußten erst mehr als 150 Jahre vergehen, daß 1980 im
Autographenhandel in England ein schmaler Band auf-
tauchte mit der Rückenaufschrift ›Goethe's Schreib-Ca-
lender‹, der die Fragen auflöste. Es war ein Großherzog-
lich-Weimarischer Kalender, wie Goethe schon einen in

diesem Sommer mit sich herumgetragen und die Anfänge
der kleinen Ulrike-Gedichte darin eingetragen hatte, aber
eben nicht der von 1823, sondern der vom Vorjahr 1822.
Er ist inzwischen von kundigen Gelehrten ediert und für
das Verständnis des Gedichts fruchtbar gemacht worden.
Er enthielt – kaum glaublich – neben anderen Notizen
eine Reihe von Elegie-Skizzen und als wichtigste: die erste
Strophe der *Elegie*. Überraschenderweise war sie in ruhi-
gem und klarem Schriftduktus niedergeschrieben, also offenbar nicht wie die anderen Skizzen unterwegs im holp-
rigen Reisewagen und nicht in der bekannten Gestalt einer
sechszeiligen, sondern in der einer vierzeiligen Strophe.
Zwar von der elfsilbigen Länge, aber statt des kreuzweisen
Reimens wie in der Endfassung hier in dem Vierzeiler der
paarige Reim.

> ›Was soll ich nun vom Wiedersehen hoffen
> Das Paradies die Hölle steht dir offen.
> Kein Zweifeln hier! Sie tritt ans Himmels Thor
> Und hebt zu ihren Armen dich empor.‹

Schon daraus ließe sich mit einiger Sicherheit schließen,
daß man es hier mit einem frühen Entwurf der *Elegie* zu
tun hat, der noch nicht die Stanzenstrophe kennt und der
– wie die ruhigen Schriftzüge zeigen – noch vor Antritt
der Rückreise niedergeschrieben wurde. Aber ein Blick
auf Goethes Urhandschrift, geschärft nun durch die neue
Kenntnis des Taschenkalenders, läßt durch die Niederschrift der sechszeiligen Strophe hindurch die früheren
vier Zeilen schwach erkennen. Kein Zweifel, in ihnen haben wir das, was Goethe im Tagebuch ›Das Gedicht‹
nannte und was er am Abend des 5. September vom Ta-
schenkalender auf den ›Foliobogen‹ abschrieb. Der Vierzeiler war also lange vor der Rückreise und – wie sich
aus anderen Notizen schließen läßt – schon zwischen
dem 23. und 24. August in Eger in den Kalender einge-

schrieben – unmittelbar vor Goethes Reise nach Karlsbad.

Welcher Reise nach Karlsbad? Und warum in Eger? Goethe war doch in Marienbad zurückgeblieben? – Noch drei
Tage hielt es ihn nach der Abreise der Familie am Ort;
dann beschloß er nach Eger zu gehen, um sich bei geologischen Studien wiederherzustellen. [..] Vier Tage blieb
Goethe in Eger, dann schützte er seine ›notwendige An-
wesenheit in Karlsbad‹ vor und reiste ›am Morgen des
25. August von Eger dorthin.

Dies ist der Augenblick der vierzeiligen ersten Strophe,
der noch einmal erzwungene Moment des Wieder-Wie-
dersehens mit Ulrike, kein fiktiver, nur poetischer, der erlebte Augenblick vor der neuen Wiederbegegnung – der
Augenblick der schwankenden Hoffnung, in dem der Liebende sich noch einmal zuspricht, im Paradies empfangen
zu werden.

Das Merkwürdige ist, daß die zweite und dritte Strophe
diese Hoffnung unmittelbar fortsetzen: Empfang, Erfüll-
lung, Gleichmaß des Glücks [...]. Bis plötzlich in der vierten Strophe der ›grausam‹ ›süße‹ ›letzte Kuß‹ dies Glück
zerschneidet und mit einem ›nun‹ – einem ganz andern
›nun‹ als dem hoffnungsvollen in der ersten Strophe – der
Augenblick des Verlusts bezeichnet ist: des Verlusts, der
der lyrische Augenblick des Gedichts ist; das Gedicht
spricht von nichts anderem.«

Trost kann im Gedicht nicht gefunden werden:

»Der Unendlichkeit des Leidens ist zuletzt nur noch der
Mythos gewachsen: nicht mehr als neuer Versuch der
Tröstung, sondern als Urbild, an dem der Leidende sein
Schicksal erkennt und – in es einwilligt.

Urbildlich ist aber das ganze Gedicht. Alles im engeren
Sinn Biographische, Zufällig-Besondere ist darin einge-
schmolzen, aufgesogen ins Musterhafte, ins Allgemeine;

und dennoch ist es in spezifisch Goethescher Weise aus einem einmaligen Augenblick entstanden – spontan wie nur irgendeines der Frühzeit.«

Dorothea Hölscher-Lohmeyer: Urbildliches, aus einem Augenblick entstanden – Goethes ELEGIE. In: Gerhard Sauder (Hrsg.): Goethe-Gedichte. Zweiunddreißig Interpretationen. München/Wien: Hanser, 1996. S. 350–355. – Mit Genehmigung von Dorothea Hölscher-Lohmeyer, München.

WALTER MÜLLER-SEIDEL (geb. 1918) versucht mithilfe einer bestimmten Konzeption von Lyrizität und der Funktionalisierung von Tragik in den späten Gedichten Goethes die *Elegie* zu lesen. Dabei gelingt es ihm, spezifisch moderne Positionen schon in Goethes Text nachzuweisen:

»Aus der biographischen Situation heraus und dem wiederholten Nachdenken über die Kunstform der Tragödie sind die Gedichte entstanden, die Goethe 1825 zur ›Trilogie der Leidenschaft‹ zusammenfügt, mit der Marienbader Elegie als ihrem beherrschenden Mittelteil. Abermals ist Scheiden ihr Leitmotiv. [...]

Die gewählte Versform aller drei Gedichte ist die Stanze, die der geforderten Stilisierung entgegenkommt; und Stilisierung ist hier wie auch sonst in Goethes später Dichtung das gewünschte Mittel, sich vor Bedrohungen zu retten. Spätestens hier stellt sich die Frage, wie es sein kann, daß etwas im Grunde Selbstverständliches derart mit Tragik beschwert wird, wie es geschieht. Die Tragik der großen Tragödien entwickelt sich aus einer bestimmten Konstellation heraus: Ödipus erschlägt den eigenen Vater, ohne zu wissen, wer es gewesen ist, und Antigone ist nicht bereit hinzunehmen, daß dem eigenen Bruder die Beerdigung verweigert wird. Von einer solchen Konstellation kann hier nicht die Rede sein. Scheiden und Trennung sind et-

was, das jedem Menschen widerfährt. Aber zugleich sind
es Phänomene von eminent symbolischer Bedeutung. Das
betrifft vor allem den Mittelteil dieses einzigartigen Zyklus, der das in Marienbad erlebte Leben höchst reflektiert
›widerspiegelt‹.

Die Elegie besteht aus dreiundzwanzig Strophen, die ein
gegliedertes Ganzes darstellen. Formen der Stilisierung
und Steigerung begegnen uns in diesem Mittelteil in er-
höhtem Maße [...]. Die erste Strophe spricht vom Wiedersehen, das bevorsteht, die folgende von der inzwischen er-
folgten Zusammenkunft. Alles weitere ist Rückblick nach
der Trennung und Klage über sie; daher die Gattung der
Elegie. Mit dieser Gliederung verbindet sich eine Dreiteilung in den Dimensionen der Zeit. Die Hoffnung steht am
Anfang, danach die Vergegenwärtigung schöner Gegenwart, schließlich das Bewußtmachen des unwiderruflich
Vergangenen, der eigentliche Anlaß der Klage. Dreigeteilt
ist das Gedicht auch in räumlicher Hinsicht. Paradies und
Hölle umgrenzen den irdischen Raum, den Aufenthalt in
Marienbad als den Raum des Geschehens. Näher an das
Gedicht heran führt eine Dreiteilung anderer Art. Sie betrifft die Aufgabe des Gedichts: den Versuch des Sprechenden, sich gegenüber einer Bedrohung zu behaupten.
Dreimal wird der Versuch unternommen, und jedesmal
erweist er sich als vergeblich [...]. Der von Leidenschaft
heimgesuchte Dichter [...] macht sich nichts vor, und so
vernehmen wir denn die abschließende Strophe dieser Elegie, die doch wohl zum Abgründigsten gehört, was Goethe je gedichtet hat:

> Mir ist das All, ich bin mir selbst verloren,
> Der ich noch erst der Götter Liebling war;
> Sie prüften mich, verliehen mir Pandoren,
> So reich an Gütern, reicher an Gefahr;
> Sie drängten mich zum gabeseligen Munde,
> Sie trennen mich, und richten mich zu Grunde.

Nimmt man wörtlich, was hier gesagt wird, so sieht man sich unvermutet dem Nichts gegenüber, und wäre es nicht der Tonfall Goethes, den wir vernehmen, so möchte man kaum glauben, daß er solches je gedichtet habe. Daß die dem Gedicht innewohnende Tragik nicht das letzte Wort behalten soll, haben die zyklische Form und die Sprache zu leisten. Mit dem dritten Gedicht, das die Musik verherrlicht, wird die Tragödie in die zu ihr gehörende Katharsis [in der Aristotelischen Poetik: Reinigung] überführt. Abermals erweist ›die edle Dichtkunst [...] ihre heilenden Kräfte‹, wie es in ›Wilhelm Meisters Wanderjahren‹ heißt [HA VIII,206]. Aber nicht ausschließlich durch dieses Gedicht werden Aussöhnung und Katharsis bewirkt. Die Verlorenheit im Leben ist nicht dieselbe wie diejenige im Gedicht, wenn gelingt, was der Elegie als Motto vorangesetzt ist:

> Und wenn der Mensch in seiner Qual verstummt,
> Gab mir ein Gott zu sagen, was ich leide.

Rettung also durch Rettung in eine hochstilisierte Sprache – das weist auf Erfahrungen der Moderne voraus.«

Walter Müller-Seidel: Lyrik, Tragik und Individualität in Goethes später Dichtung. In: Gerhard Buhr / Friedrich A. Kittler / Horst Turk (Hrsg.): Das Subjekt der Dichtung. Festschrift für Gerhard Kaiser. Würzburg: Königshausen und Neumann, 1990. S. 497–518, hier 505–507. – © 1990 Königshausen und Neumann, Würzburg.

MATHIAS MAYER (geb. 1958) liest die *Elegie* vor allem poetologisch, also als dichterische Auseinandersetzung mit den Bedingungen, Möglichkeiten und Gefahren des Dichtens. Er erkennt insbesondere im Motto und in der Schlussstrophe Bezüge auf andere Texte Goethes, die wiederum die Bedingung der Möglichkeit von Literatur thematisieren und so seine Lektüre stützen:

»Der Versuch, die poetologische Struktur der *Elegie* frei-
zulegen, weiß sich [...] jener zwar oft zitierten, aber zu
wenig ernst genommenen Einsicht Friedrich Schlegels verpflichtet, die jener schon sehr viel früher im Umgang mit
Goethes Werk, vornehmlich dem *Wilhelm Meister*, entwickelt hat, daß nämlich Goethes Dichten nicht nur durch
seinen poetischen Charakter ausgezeichnet sei, sondern
zugleich durch eine auf sich selber reflektierende »Poesie
der Poesie«.[1]

Mit dem Motto hat er das folgende Gedicht auf die Frage
gebracht, inwiefern in dieser *Elegie* die Qual den Dichter
zum Sprechen bringt, während der nicht dichterisch Be-
gabte im Leid verstummt. Der Akzent liegt in diesen Versen – zumindest wie sie als Motto unter Absehung der
Tasso-Problematik diesem Gedicht voranstehen – nicht
auf der Opposition von Qual und Leid, sondern auf der
Entgegensetzung von Verstummen und Sagenkönnen. Der
Dichter ist der Ausnahmemensch jenseits der Grenze zwischen Wahrheit und Dichtung. Der Dichter verzichtet auf
naturalistische Wirklichkeitsimitation und wird dadurch
zur Sprache begabt, wohingegen der auf Realität dringen-
de undichterische Mensch stumm bleibt. Die Verse aus
dem *Tasso* eröffnen eine Differenz zwischen Menschen
und Dichter, die zugleich eine Aussage über das Dichten
selbst ist. Dichtung ist nur als Ausdruck des Leides möglich, sie setzt, insofern Dichten für Goethe ein ›Liebe-
werk‹[2] ist, die Trennung vom geliebten Gegenüber voraus.
[...] Damit stellen wir Thema und Eigenart der Goetheschen *Elegie* unter den Anschein tautologischer Selbstverständlichkeit: Jedes Liebesgedicht verdankt sich dem Um-
stand des ›Nachher‹ und setzt die Trennung vom geliebten
Gegenüber voraus. Das anscheinend Selbstverständliche

---

1 Friedrich Schlegel: *Charakteristiken und Kritiken I*, hg. v. Hans Eichner.
  Paderborn, München, Wien, Zürich 1967, S. 204 (*Kritische Friedrich-Schle-
  gel-Ausgabe*, hg. v. Ernst Behler, Bd. 2).
2 *Vermächtnis*; *W A* I, 3, 83.

jeder Dichtung wird aber in der *Elegie* seiner Selbstverständlichkeit beraubt und als paradoxe Einheit sichtbar gemacht: die Bedingung des Dichtens durch die existentielle Gefahr des Lebens. Die *Elegie* wird zu einem die Selbstverständlichkeit des Dichtens in Frage stellenden Gedicht: Das Selbstverständliche kann nur selbstverständlich sein, solange es nicht bewußt (gemacht) wird. Das *als* selbstverständlich Bewußte *ist* ja nicht mehr selbstverständlich. Die Selbstverständlichkeit des Dichtens bricht in der Elegie zu schmerzlicher Bewußtheit auf und wird *als* Elegie gestaltet.

Abstand und Trennung sind Grundvoraussetzung des Dichtens, können aber dem Dichter – wie in der *Elegie* – die Lebensmöglichkeit entziehen und ihn in diesem Konflikt zugrundegehen lassen. Andererseits erhebt sich aufgrund dieser Voraussetzung die Klage über die abwesende Geliebte zur Reflexion auf das dadurch erst ermöglichte Dichten.«

In Anlage, Aufbau, Motivstruktur und Sprache der Elegie findet Mayer Indizien, die seine selbstreflexive, poetologische Lektüre legitimieren. In der letzten Strophe findet er den entscheidenden Hinweis:

»Das Einmalige und die *Elegie* zum »Wunder der deutschen Lyrik« [Friedrich Gundolf] Auszeichnende liegt, zumindest nach dem hier Bemerkten darin, daß die den Konflikt kennzeichnende gegenseitige Bedingtheit von Leben und Tod, von Dichten und Liebe, von Ferne und Nähe in der ungeheuer dichten Schlußstrophe zur bestürzend tödlichen Erkenntnis formuliert wird, diese Erkenntnis aber gleichzeitig das Gedicht erschafft und damit lebenserhaltend wirkt, von welcher Paradoxie Goethe selbst am 3. 2. 1831 schreibt: ›Verzeih solche Leben zerstörende Betrachtungen, sie sind es, die mir das Leben erhalten.‹³ Die *Elegie* wird damit Geschehensort einer ›unmöglichen Synthese‹, unter welchem Stichwort Goethe auch das Erlebnis des Sommers 1823 barg.⁴ Die unmögliche Synthese von Entfernung und Nähe durch das Wort, von Tod und Leben, von Trennung und Gegenwart schlägt sich nieder bis in sprachliche Formulierungen [...]. ›Der ich noch erst den Göttern Liebling war‹: diese Wendung erinnert ja an das Briefgedicht vom Juli 1777 an Auguste zu Stolberg:

> Alles gaben die Götter, die unendlichen,
> Ihren Lieblingen ganz,
> Alle Freuden, die unendlichen,
> Alle Schmerzen, die unendlichen, ganz.⁵

Was damals aber noch auseinandergehalten werden konnte, erfährt die *Elegie* als paradoxe Einheit, die hier den Namen *Pandora* erhält. Es gibt Interpreten der *Elegie*, die diese Gestalt auf die Geliebte des Dichters beziehen,⁶ ohne sich an der kuriosen Wendung zu stoßen, dem Dichter sei die Geliebte ›verliehen‹ worden. Nein, der Dichter wurde und wird geprüft, indem ihm die Götter ›Pandora‹, ein Geschenk, verliehen. Im Rückgriff auf den Pandoramythos spricht der folgende Vers von der zur Einheit verdichteten Dualität von Gut und Gefahr, von unendlichen Freuden und Schmerzen. Gedeutet wird der Name ›Pandora‹ aber erst in den Schlußversen:

> sie drängten mich zum gabeseligen Munde,
> Sie trennen mich, und richten mich zu Grunde.

---

3 Goethe: *W A* IV, 48, 110.
4 Goethe: *W A* IV, 37, 180 und 207
5 Goethe: *W A* I, 4, 99. Vers 1 »gaben« emendiert nach *H A* 1, S. 723.
6 Willy Stadler, Notizen zu Goethes Marienbader Elegie«, Neue Zürcher Zeitung, 29./30. 8. 1981, S. 67 f.

Der *gabe*-selige Mund läßt Pandora, die All-Schenkende, All-Gebende, als Symbol der Dichtkunst verständlich werden, denn Pandora wird hier zu der die *Elegie* auszeichnenden Doppelfigur von Tod und Leben, Gütern und Gefahr: Pandora, der gabeselige Mund und die Trennung sind engstens verbunden, denn die Trennung von der Nähe ermöglicht den zur Dichtung begabten, gabeseligen Mund, der im Zugleich von Leben und Dichten ›reich an Gütern, reicher an Gefahr‹ ist [...]. Der Name Pandora steht am Schluß der *Elegie* als Symbol der paradoxen Einheit von Dichtung, die nur von Liebe sagen kann, da alles Dichten ein Liebeswerk ist, die aber zugleich an die andere, tödliche Voraussetzung geknüpft ist, daß die Geliebte nicht mehr in unmittelbarer Nähe erreichbar ist. Dichten als Dichten von der Liebe, die aber bereits aus der paradiesischen Gegenwart in die Vergangenheit der Entfernung zurückgefallen sein muß, Dichten *als Liebe* ist reicher an Gefahr, ist ein Kampf auf Leben und Tod. *Als* Elegie betont dieses Gedicht den tödlichen Charakter der Dichtkunst, d. h., der Schmerz der Trennung wird tiefer erfahren als die dadurch erst mögliche dichterische Klage auf die Dichtung, und Gundolfs Erkenntnis, ›Die Spannung, die im Gedicht als unheilbar ausgesprochen wird, löst sich durch das Gedicht selbst‹ [Friedrich Gundolf] bedarf der entharmonisierenden Problematisierung.

Die Schlußstrophe [...] ist [...] der wichtigste Schlüssel zum Verständnis des ganzen Gedichtes, das sie aus sich selbst vom Schluß her deutet. Die Rede vom »gabeseligen Munde«, der durch die Trennung zur Dichtung begabt wird und zu Grunde zu gehen droht, macht eine poetologische Lesart der *Elegie* erforderlich. Eine solche Lesart versteht den generischen Titel *Elegie* als Hinweis darauf, daß es sich nicht nur um eine Elegie handelt, sondern daß diese Elegie von der Elegie als Inhalt, von der Entfernung handelt und daher die elegische Seinsweise der Dichtung, den Kampf auf Leben und Tod, *als* Elegie darstellt.

Die Schlußstrophe faßt alle Themen des Gedichtes, Leben und Tod, Liebe und Dichtung, Nähe und Ferne zusammen. Die Berufung Pandoras am Ende schließt [...] den Rahmen: das Motto zitiert den *Tasso*, der Schluß erinnert an Goethes eigene *Pandora*-Dichtung. *Tasso* und *Pandora* bezeichnen jeweils Schlüsselstationen Goetheschen Selbst- und Dichtungsverständnisses, sie erheben Dichtung jeweils zum ausdrücklichen Thema.«

Mathias Mayer: Dichten zwischen Paradies und Hölle. Anmerkungen zur poetologischen Struktur von Goethes »Elegie« von Marienbad. In: Zeitschrift für deutsche Philologie 105 (1986), S. 234–256, hier 236, 239, 251–253. – Mit Genehmigung von Mathias Mayer, Augsburg.

Quellen und Literaturhinweise

1. Gesamtausgaben von Goethes Werk

Johann Wolfgang Goethe: Schriften. 8 Bde. Leipzig: Göschen, 1787–90. – Zit. als: Schr.
- Neue Schriften. 7 Bde. Berlin: Unger, 1792–1800. – Zit. als: NSchr.
- Werke. 13 Bde. Tübingen: Cotta, 1806–10. (Bd. 1, 1806.) – Zit. als: Werke 1806.
- Werke. 20 Bde. Stuttgart/Tübingen: Cotta, 1815–19. (Bd. 1, 1815.) – Zit. als: Werke 1815.
- Werke. Vollständige Ausgabe letzter Hand. 60 Bde. Stuttgart/Tübingen: Cotta, 1827–42. – Zit. als: AlH.

- Werke. Weimarer Ausgabe. Hrsg. im Auftrage der Großherzogin Sophie von Sachsen. Abt. I–IV. 133 Bde. in 143 Tln. Weimar: Böhlau, 1887–1919. – Reprogr. Nachdr. München: Deutscher Taschenbuch Verlag, 1987. [Erg. um 3 Nachtrags-Bde. zu Abt. IV, Briefe. Hrsg. von Paul Raabe.] – Zit. als: WA.
- Sämtliche Werke. Jubiläumsausgabe. Hrsg. von Eduard von der Hellen. Stuttgart: Cotta, 1902–07. Dazu Reg.-Bd. 1912.
- Werke. Hamburger Ausgabe. Hrsg. von Erich Trunz. 14 Bde. Neubearb. Auflage. München: Beck, 1981.
- Sämtliche Werke nach Epochen seines Schaffens. Münchner Ausgabe. 20 Bde. Hrsg. von Karl Richter. München: Hanser, 1985–98. – Zit. als: MA.
- Sämtliche Werke. Frankfurter Ausgabe. Hrsg. von Dieter Borchmeyer [u. a.]. 40 Bde. Frankfurt a. M.: Deutscher Klassiker Verlag, 1985–2000.

2. Einzelausgaben der Lyrik Goethes:

a) Kommentierte Ausgaben

Johann Wolfgang Goethe: Gedichte und Epen. 2 Bde. Kommentiert von Erich Trunz. In: Hamburger Ausgabe. Bd. 1 und 2. München: Beck, 1981.

Johann Wolfgang Goethe: Gedichte 1756–1799. Gedichte 1800–1832. Hrsg. von Karl Eibl. In: Frankfurter Ausgabe. Bd. 1 und 2. Frankfurt a. M.: Deutscher Klassiker Verlag, 1988.
– West-östlicher Divan. 2 Tl.-Bde. Hrsg. von Hendrik Birus. In: Frankfurter Ausgabe. Bd. 3.1 und 3.2. Frankfurt a. M.: Deutscher Klassiker Verlag, 1994.
– West-östlicher Divan. Studienausgabe. Hrsg. von Michael Knaupp. Stuttgart: Reclam, 1999.

b) Leseausgaben und Anthologien

Goethes Gedichte in zeitlicher Folge in einem Band. Hrsg. von Heinz Nicolai. Frankfurt a. M.: Insel Verlag, 1992.
– Gedichte in Handschriften. Hrsg. von Karl Eibl. Frankfurt a. M.: Insel Verlag, 1999.
– Die Gedichte nach der Ausgabe letzter Hand. Nachw. von Norbert Miller. Textred. von Franziska Mayer. München: Goldmann, 1999.
– Gedichte. Jubiläumsausg. zum 250. Geburtstag. Hrsg. und kommentiert von Erich Trunz. München: Beck, 1999.
Herz, mein Herz, was soll das geben? Goethes schönste Gedichte. Berlin: Aufbau-Verlag, 1999.
– Gedichte. Hrsg. von Bernd Witte. Stuttgart: Reclam, 2001. [Zit. als: Witte (2001).]
Goethes schönste Gedichte. Hrsg. von Jochen Schmidt. Frankfurt a. M.: Insel Verlag, 2003.
Die schönsten Gedichte von Johann Wolfgang Goethe. Hrsg. von Franz Sutter. Zürich: Diogenes Verlag, 2005.
– West-oestlicher Divan. Hrsg. von Joseph Kiermeier-Debre. München: Deutscher Taschenbuch Verlag, 2006.
– Sämtliche Gedichte. Hrsg. von Karl Eibl. Frankfurt a. M.: Insel Verlag, 2007.
– Hundert Gedichte. Hrsg. von Inge Wild. Berlin: Aufbau-Verlag, 2007.

3. Sekundärliteratur zur Lyrik Goethes

Brandmeyer, Rudolf: Die Gedichte des jungen Goethe. Eine gattungsgeschichtliche Einführung. Göttingen: Vandenhoeck & Ruprecht, 1998.

Frühwald, Wolfgang: Das »Talent, deutsch zu schreiben«. Über den Dichter Johann Wolfgang Goethe. In: Études Germaniques 54 (1999). Sonderheft: Johann Wolfgang Goethe zum 250. Geburtstag. S. 55–74.

Kaiser, Gerhard: Geschichte der deutschen Lyrik. Bd. I: Von Goethe bis Heine. Frankfurt a. M. / Leipzig: Insel Verlag, 1996.

Neumann, Gerhard: »Die höchste Lyrik ist entschieden historisch« – Goethes Werk als Lebens-Werk. In: Thomas Jung / Birgit Mühlhaus (Hrsg.): Über die Grenzen Weimars hinaus – Goethes Werk in europäischem Licht. Beiträge zum Jubiläumsjahr 1999. Frankfurt a. M. [u. a.]: Lang, 2000. S. 135–170.

Otto, Regine / Bernd Witte: Goethe-Handbuch. Bd. 1: Gedichte. Stuttgart/Weimar: Metzler, 1996.

Reich-Ranicki, Marcel (Hrsg.): Johann Wolfgang Goethe – Verweile doch. 111 Gedichte und Interpretationen. Frankfurt a. M.: Insel Verlag, 1992.

Sauder, Gerhard (Hrsg.): Goethe-Gedichte. Zweiunddreißig Interpretationen. München/Wien: Hanser, 1996.

Wild, Reiner: Goethes klassische Lyrik. Stuttgart: Metzler, 1999.

Witte, Bernd (Hrsg.): Interpretationen. Gedichte von Johann Wolfgang Goethe. Stuttgart: Reclam, 1998.

Wünsch, Marianne: Der Strukturwandel in der Lyrik Goethes. Die systemimmanente Relation der Kategorien »Literatur« und »Realität«. Probleme und Lösungen. Stuttgart [u. a.]: Kohlhammer, 1975.

4. Sonstige Sekundärliteratur:

Borchmeyer, Dieter: Weimarer Klassik. Portrait einer Epoche. 2., aktualisierte Neuausg. der Studienausgabe. Weinheim: Beltz Athenäum, 1998.

Boyle, Nicholas: Goethe – Der Dichter in seiner Zeit. Bd. 1: 1749–1790. Bd. 2: 1790–1803. Frankfurt a. M.: Insel Verlag, 2004.

Bunzel, Wolfgang: Poetik und Publikation. Goethes Veröffentlichungen in Musenalmanachen und literarischen Taschenbüchern. Weimar [u. a.]: Böhlau, 1997.

Burdorf, Dieter: Poetik der Form. Eine Begriffs- und Problemgeschichte. Stuttgart/Weimar: Metzler, 2001.

Gutjahr, Ortrud / Harro Segeberg (Hrsg.): Klassik und Anti-Klassik. Goethe und seine Epoche. Würzburg: Königshausen & Neumann, 2001.

Homann, Renate: Theorie der Lyrik. Heautonome Autopoiesis als Paradigma der Moderne. Frankfurt a. M.: Suhrkamp, 1999.

Jeßing, Benedikt: Johann Wolfgang Goethe. Stuttgart/Weimar: Metzler, 1995.

Killy, Walther: Wandlungen des lyrischen Bildes. 8., neu bearb. Aufl., mit einem Vorwort von Dieter Lamping. Göttingen: Vandenhoeck & Ruprecht, 1998.

Lamping, Dieter: Das lyrische Gedicht. Definitionen zu Theorie und Geschichte der Gattung. Göttingen: Vandenhoeck & Ruprecht, ³2000.

Staiger, Emil: Goethe. 3 Bde. Zürich / Freiburg i. Br.: Atlantis Verlag, 1952–59.

Witte, Bernd [u. a.] (Hrsg.): Goethe-Handbuch. 4 Bde. Stuttgart/Weimar: Metzler, 1996 ff.

Verzeichnis der Abbildungen

Johann Wolfgang Goethe

Philipp Reclam jun. Stuttgart

Die deutsche Literatur

Ein Abriß in Text und Darstellung in 17 Bänden
Herausgegeben von Otto F. Best und Hans-Jürgen Schmitt

IN RECLAMS UNIVERSAL-BIBLIOTHEK

Auch in Kassette erhältlich

Philipp Reclam jun. Stuttgart

Lyrik-Ausgaben

IN RECLAMS UNIVERSAL-BIBLIOTHEK

Deutsche Literatur · Auswahl

Philipp Reclam jun. Stuttgart